DOCUMENTOS PARA
EL DIÁLOGO EN VENEZUELA

I0161560

Iniciativa Democrática de España y las Américas (IDEA) es un foro internacional no gubernamental de ex mandatarios, demócratas respetuosos de la alternabilidad democrática durante sus desempeños, que patrocina la **Fundación IDEA-Democrática** como objeto primordial. Desde la sociedad civil y la opinión pública observa y analiza los procesos y experiencias democráticos iberoamericanos, reflexiona sobre las vías y medios que permitan la instalación de la democracia allí donde no existe o su reconstitución donde se ha deteriorado, así como favorecer su defensa y respeto por los gobiernos donde se encuentra radicada.

IDEA busca reforzar la solidaridad iberoamericana e internacional a favor de la democracia, del Estado de Derecho, y la garantía y tutela efectiva y universal de los derechos humanos. Al efecto diseña y realiza programas y actividades para orientar a las sociedades civiles y políticas de las Américas y España, recomendándoles medidas y soluciones que permitan la modificación de las tendencias que incidan negativamente sobre la citada tríada de la libertad o que sean sus desviaciones. Coopera, en fin, con el fortalecimiento de los elementos esenciales de la misma democracia y los componentes fundamentales de su ejercicio.

Con la firma y presentación de la Declaración de Panamá sobre Venezuela el 9 de abril de 2015, a propósito de la VII Cumbre de las Américas, **IDEA-Democrática** nace, en fin, como iniciativa de 36 ex Jefes de Estado y de Gobierno iberoamericanos, a la vez firmantes de la Declaración de Bogotá de 23 de septiembre de 2015.

www.idea-democrática.org

info@ideaiberoamerica.com

FIRMANTES DE LAS DECLARACIONES DE IDEA

Oscar Arias, Costa Rica

José María Aznar, España

Nicolás Ardito Barletta, Panamá

Belisario Betancur, Colombia

Armando Calderón Sol, El Salvador

Felipe Calderón, México

Rafael Ángel Calderón F., Costa Rica

Fernando Henrique Cardoso, Brasil

Laura Chinchilla Miranda, Costa Rica

Jean Chrétien, Canadá

Alfredo Cristiani, El Salvador

Fernando de la Rúa, Argentina

Eduardo Duhalde, Argentina

Sixto Durán Ballén, Ecuador

Vicente Fox, México

Eduardo Frei, Chile

César Gaviria, Colombia

Felipe González, España

Lucio Gutiérrez, Ecuador

Osvaldo Hurtado L., Ecuador

Luis Alberto Lacalle, Uruguay

Ricardo Lagos, Chile

Jorge Jamil Mahuad, Ecuador

Ricardo Martinelli, Panamá

Hipólito Mejía, República Dominicana

Luis Alberto Monge, Costa Rica

Mireya Moscoso, Panamá

Gustavo Noboa, Ecuador

Andrés Pastrana, Colombia

Sebastián Piñera, Chile

Jorge Quiroga, Bolivia

Miguel Ángel Rodríguez, Costa Rica

Julio M. Sanguinetti, Uruguay

Alejandro Toledo, Perú

Álvaro Uribe, Colombia

Juan Carlos Wasmosy, Paraguay

INICIATIVA DEMOCRÁTICA DE ESPAÑA Y LAS AMÉRICAS

DOCUMENTOS PARA EL DIÁLOGO EN VENEZUELA

idea

Editorial Jurídica Venezolana

Caracas, 2016

©   Asdrúbal Aguiar (Coordinador)
IDEA. Iniciativa Democrática de España y las Américas

Email: asdrubalaguiar@yahoo.es
Depósito Legal: DC2016000158
ISBN: Obra Independiente: 978-980-365-344-6
1a edición, Julio 2016

Editado por: Editorial Jurídica Venezolana
Avda. Francisco Solano López, Torre Oasis, P.B., Local 4,
Sabana Grande,
Apartado 17.598 – Caracas, 1015, Venezuela
Teléfono 762.25.53, 762.38.42. Fax: 763.5239
http://www.editorialjuridicavenezolana.com.ve
Email fejv@cantv.net

Impreso por: Lightning Source, an INGRAM Content company
para Editorial Jurídica Venezolana International Inc.
Panamá, República de Panamá.
Email: ejvinternational@gmail.com

Diagramación, composición y montaje
por: Francis Gil, en letra Times New Roman, 14
Interlineado: Múltiple 1,1, Mancha 11,5 x 18

La democracia requiere diálogo. Para que este diálogo sea eficaz, debe ir acompañado de acciones.

La democracia no tiene nacionalidad. La democracia es más que una elección, es libertad.

Libertad de expresión, de asociación, de reunión. Es una ciudadanía empoderada. Una judicatura independiente.

Una estructura de seguridad que tenga la confianza de la gente, del pueblo y que le rinda cuentas. Es el ejercicio legítimo del poder dentro del Estado de derecho.

Luis Almagro, Secretario General de la OEA, 2016

ÍNDICE GENERAL

NOTA DE PRESENTACIÓN

Allan R. Brewer-Carías

El diálogo, en castellano, puede tener dos acepciones.

Por una parte puede ser una conversación entre dos partes para exponer ideas o intercambiar posturas de forma alternativa.

Por la otra parte, puede ser una discusión entre las mismas partes con la intención de llegar a un acuerdo o encontrar una solución a un problema determinado.

Y la diferencia es notable en ambas acepciones, pues si bien en el primer caso el dialogo es libre, permitiendo que se pueda hablar de cualquier cosa, en cualquier forma; en la segunda acepción, está sometido a reglas mínimas, en el sentido de que para que se dé, las partes tienen que hablar el mismo lenguaje, querer el mismo objetivo, jugar conforme a las mismas reglas y hablar con base en la verdad y no con base en la mentira. En este último caso, por ello, no puede haber diálogo entre el condenado y su verdugo, ni con quien miente, ni bajo amenaza.

En la situación política actual de Venezuela, por tanto, cuando se plantea la posibilidad de un diálogo entre el Gobierno y la oposición, la primera alternativa no sólo sería intolerable pues el país no puede seguir conducido por la mentira como política de Estado, sino que además sería completamente inútil pues las ejecutorias y posiciones de ambas partes son harto conocidas tanto por el Gobierno como por la oposición y, además, por el país entero.

Por ello, al contrario, el diálogo que se requiere en el país en el momento actual y al cual apuntan todos los documentos que conforman este volumen preparado por IDEA y coordinado por Asdrúbal Aguiar, no puede ser otro que una discusión sobre el problema político actual del país con la intención precisa de llegar a un acuerdo para encontrar una solución al mismo.

Para ello, lo primero que ambas partes tendrían que identificar y reconocer para que pueda efectivamente haber diálogo, es que Venezuela realmente está en una gravísima situación política que ha sido puesta en evidencia ante el Consejo Permanente de la Organización de Estados Americanos, por su Secretario General, Luis Almagro en su *Informe* del 30 de mayo de 2016 sobre la situación de la democracia en Venezuela conforme a lo previsto en el artículo 20 de la Carta Democrática Interamericana.[1]

---

1 Véase la comunicación del Secretario General de la OEA de 30 de mayo de 2016 con el Informe sobre la situación en Venezuela en

Esa situación consiste, por una parte, en el hecho de que existe una Constitución que no se cumple, y más bien se viola impunemente por el Gobierno con la complicidad de todos los órganos del Estado; y por la otra, en que se ha producido una grave ruptura del régimen político democrático que debería ser el soporte de la Constitución, entre otros factores, por el desconocimiento por parte del Gobierno de la expresión de la voluntad popular manifestada con las elecciones parlamentarias del 6 de diciembre de 2016, que dieron un mayoritario triunfo a la oposición política del gobierno, al haber obtenido la mayoría de la representación en el Parlamento. Ello ha sido desconocido por el Gobierno, conspirando todos los órganos del Estado contra la Asamblea Nacional para minimizarla y castrarle sus poderes y prorrogativas.

Es decir, que en Venezuela no hay Estado de derecho, no hay gobierno democrático, no hay respeto a la separación de poderes, no se respeta el pluralismo político, no se respetan los derechos humanos, no hay transparencia ni probidad en el manejo de los recursos públicos.

En esa situación, es obvio que un diálogo entre el Gobierno y la oposición tiene que basarse, primero, en que el Gobierno acepte la situación política antes resumida que se busca resolver; segundo, que acepte que su interlocutor

relación con el cumplimiento de la Carta Democrática Interamericana. Disponible en oas.org/documents/spa/press/OSG-243.es.pdf.

no es otro que el mismo pueblo a través de sus representantes electos para la Asamblea Nacional que conforman la mayoría de la oposición democrática que en ella actúan, por lo cual tiene que aceptar que el pueblo se manifieste de nuevo a través del referendo revocatorio que regula la Constitución; y tercero, que ambas partes tengan la intención política manifiesta de resolver el conflicto político y llegar a un acuerdo entre el Gobierno y la oposición mediante el cual se restablezca la vigencia plena de la Constitución, se respete por todos los órganos del Estado la voluntad popular, se restablezca la vigencia del Estado constitucional de derecho, se asegure la vigencia del principio de la separación de poderes, y en particular se respete la Asamblea Nacional y se garantice la autonomía del Poder Judicial y de los demás poderes de control.

Pero por supuesto, si entendemos bien la causa de la crisis política, nada de lo antes dicho necesita de diálogo para poder solucionarse, pues para cumplir con la Constitución el Gobierno no necesita sentarse a dialogar. Sólo tiene que cumplirla y decidir acatarla. Como acertadamente lo destacó el Secretario General de la Organización de Estados Americanos, Luis Almagro, en su mencionado *Informe* presentado al Consejo Permanente de la Organización el 30 de mayo de 2016 sobre la situación de la democracia en Venezuela:

> "Al presente, Venezuela necesita el más pleno respeto y absoluto compromiso del Poder Ejecutivo de cumplir con la Constitución y con sus compromisos internacionales en materia de democracia.

Esto constituye un imperativo unilateral para el Poder Ejecutivo, que no necesita de una mesa de diálogo para hacerlo, solamente necesita asumir el respeto al Estado de Derecho y el imperio de la ley. Los elementos están allí y son muy claros pero no creemos que el Gobierno los desconozca pues los mismos han sido expresados en claridad y en forma pública en reiteradas ocasiones. Solamente falta el compromiso al respecto." [2]

De esto lo que resulta es que el dialogo entre el Gobierno y la oposición en Venezuela, en el momento actual, no puede ser del tipo del imaginado por Maurice Joly con toda la sátira posible, en su conocido libro *Dialogue aux enfers entre Machiavel et Montesquieu* (1864),[3] donde el

---

2   Véase la comunicación del Secretario General de la OEA de 30 de mayo de 2016 con el Informe sobre la situación en Venezuela en relación con el cumplimiento de la Carta Democrática Interamericana, p. 129. Disponible en oas.org/documents/spa/press/OSG-243.es.pdf.

3   Véase Maurice Joly, *Dialogue aux enfers entre Machiavel et Montesquieu*, Bruxelles 1864. El libro, escrito bajo seudónimo y como crítica al golpe de Estado dado por Napoleón III, le valió la cárcel al autor. El tema central del mismo son los criterios que Machiavelo y Montesquieu se intercambia, teniendo a la vista el Infierno, sobre la política moderna y la mejor forma para algunos políticos de adquirir y conservar indefinidamente el poder, que es el tema central de su obra *El Príncipe*. Montesquieu, hacía énfasis en el principio de la separación de poderes, el Estado de derecho, sobre lo cual Maquiavelo repetía sus argumentos para demostrar cómo esas nociones nobles podían ser puestas al servicio de un hombre, en ese caso Napoleón III –a quien nunca mencionó–, manipulando todos los componentes de la sociedad. Véase una traducción del texto: *Diálogo en el Infierno entre Maquiavelo y Montesquieu*, por Matilde Horne, con Prefacio de Jean-François Revel, en: http://www.barcelonaradical.net/historico/archivos/upload/dialogoene linfierno....pdf

problema considerado era el de cómo podía injertarse un poder autoritario en una sociedad democrática, y definir un modelo político que se distinguiera de la verdadera democracia y de la dictadura brutal, que no era otra cosa que el de una democracia desvirtuada, llamada cesarismo por los antiguos (lo que seguramente inspiró a Laureano Vallenilla Lanz a comienzos del Siglo XX en su libro *Cesarismo democrático*)[4] que como lo indicó Jean-Francois Revel en el Prefacio del libro de Joly, "luce el ropaje del sistema político nacido de Montesquieu: un cesarismo de levita, o, lo que es igual, con disfraz de teatro."[5]

Por todo ello, el diálogo planteado entre el Gobierno y la oposición en Venezuela solo sería para sellar dicho compromiso del Gobierno de cumplir y acatar la Constitución, y en el momento actual, después del triunfo electoral del 6 de diciembre de 2016, permitir e incluso alentar a que el pueblo se manifieste de nuevo, conforme a lo dispuesto en la propia Constitución, mediante el referendo revocatorio del mandato del Presidente de la República, de manera que la solución pacífica a la crisis política del país en definitiva la dé el pueblo mediante las urnas, como lo expresó el Secretario General de la Organización de Estados Americanos en su Informe.

New York, 14 de julio de 2016

---

4   Lo que seguramente inspiró a Laureano Vallenilla Lanz, a comienzos del siglo XX, para su trabajo sobre el "Gendarme Necesario" y su libro *Cesarismo Democrático*, 1919. Véase en Laurano Vallenilla Lanz, *Cesarismo Democrático y otros textos*, Biblioteca Ayacucho, Caracas 1991.

5   Jean-François Revel, "Prefacio," al libro Maurice Joly, *Diálogo en el Infierno entre Maquiavelo y Montesquieu, cit.*

LIMINAR. *Sobre la ruta del diálogo*

Asdrúbal Aguiar

El artículo 20 de la Carta Democrática Interamericana dispone que, ocurridas alteraciones graves a la democracia dentro de un país miembro de la OEA y recibidas como sean, por el Consejo Permanente, las apreciaciones del Secretario General, las medidas a ser adoptadas son de orden estrictamente diplomático: "las gestiones diplomáticas necesarias" conducentes a obtener la "normalización de la institucionalidad democrática" allí donde las instituciones de la democracia se han perdido o han sido desconocidas.

El 13 de mayo pasado, los ex Jefes de Estado y de Gobierno firmantes de las declaraciones de IDEA han expresado su preocupación por el acuerdo de la Asamblea Nacional de Venezuela que alerta sobre la ruptura, en dicho país, del orden constitucional y democrático. De modo particular, aquéllos hacen constar, entre otros aspectos, lo siguiente:

"que el Presidente de la República gobierna por decreto, haciendo valer un estado de emergencia que no ha autorizado el Poder Legislativo, como lo manda la Constitución, y el Tribunal Supremo de Justicia, además de declarar inconstitucionales todas las leyes dictadas por la Asamblea desde su instalación el pasado 5 de enero, pretende imponerle reglas para deliberar y sujeta la labor legislativa a la previa iniciativa del gobierno".

La gestión diplomática de la OEA, por su naturaleza, enerva toda medida de coacción. Vale decir que, si hay éxito en el fin normalizador, el proceso del artículo 20 se da por agotado. Mas, si no se alcanza, el Consejo Permanente deja su tarea en manos de la Asamblea General de la OEA, que debe insistir en la ruta diplomática; salvo que, por virtud del artículo 21 de la citada Carta, advierta que han sido "infructuosas" esas gestiones y que media una "ruptura del orden democrático". Así y sólo así, ha lugar a la suspensión al Estado concernido "de su derecho de participación en la OEA".

Razón tiene el Secretario Luis Almagro al afirmar, entonces, que desde ya se está implementando el artículo 20 en el caso de Venezuela. Tanto que, desde antes que éste presentara su informe al respecto ante el Consejo Permanente de la organización hemisférica, de diálogo ya hablan el gobierno como la oposición residente en la MUD.

Es verdad que el ex presidente español, J.L. Rodríguez Zapatero se ofrece como mediador *motu proprio* y al efecto – Ernesto Samper, aliado del régimen, dice ser su arquitecto y de allí su reclamo a la MUD del 6 de junio pasado, para que acuda al diálogo, mientras que aquél, cubriendo las distancias, afirma que el mérito le corresponde a un opositor, amigo suyo – y, lo cierto es que la MUD, final e institucionalmente, le da su bienvenida el 19 de mayo.

Pero ésta le aclara a Zapatero que su iniciativa vale tanto y concurre con la del Secretario de la OEA, la de los ex presidentes Andrés Pastrana y Oscar Arias, y la del Papa Francisco. Y al paso tira de las orejas de Leonel Fernández por especular, desde República Dominicana, sobre avances en el tema económico venezolano involucrando a la oposición, sin haberla consultado.

En todo caso, la MUD afirma algo crucial. El diálogo pretendido es "nacional" y para serlo hay que escuchar al pueblo, y el pueblo lo que pide es respeto a la Constitución, vale decir, acatamiento de su decisión de ir a un referendo revocatorio innegociable.

El 27 de mayo sucesivo la propia MUD le agradece al mundo su mirada. Fija dos focos de atención, el de los ex presidentes del trío Zapatero: Fernández y Martín Torrijos, y el de los otros ex presidentes (los 36 de IDEA) – con Pastrana y Arias a la cabeza – quienes, recién, respaldan a Almagro. Pero a la sazón hace un llamado a MERCOSUR, invitándole también a movilizar su Cláusula Democrática. Y el 28 de mayo interpela a Zapatero: "El diálogo necesario es aquel que apuntale y promueva la realización y acatamiento de la consulta electoral", mediante el referéndum revocatorio, la libertad de los presos políticos, y la admisión de la ayuda humanitaria.

No por azar, entonces, el pasado 31, Almagro invoca el artículo 20 de la Carta y de seguidas le apoyan los ex gobernantes de IDEA. Por lo que el 21 de junio, el régimen de Nicolás Maduro convoca a la OEA para que apoye el "diálogo efectivo" del grupo Zapatero; en la idea errónea, producto de la ceguera ideológica, de abortar el pedido hecho por el Secretario de la OEA. La MUD aclara, ese día, que el diálogo ha sido "inexistente", que ha apoyado la invocación de la Carta, y que sus exigencias, junto al respeto de la Asamblea Nacional, siguen invariables.

El día 17 precedente, los ex Jefes de Estado y de Gobierno de IDEA, al reiterar su respaldo al Secretario Almagro, en misiva que suscriben y le entregan personalmente, de manos de los ex presidentes Laura Chinchilla, Alejandro Toledo y Jorge Tuto Quiroga, hacen constar que:

Al expresarle nuestr[a]...solidaridad por su lealtad insobornable con los deberes que le obligan al frente de la OEA, asimismo hacemos un llamado a nuestros respectivos gobiernos para que, en el debate planteado sobre su Informe, los Representantes Permanentes ante el Consejo estén a la altura de lo que Usted claramente señala: "Ética en la política significa también ser consecuente entre la intención y la acción... es ser fiel a los valores y motivaciones que hacen a una persona participar en la política".

No se percatan Maduro ni sus colaboradores que el artículo 20 habla y demanda, justamente, de diálogo, de gestiones diplomáticas y nada más.

Logran, sí, la alteración de los factores sin afectar el producto. Acordado el diálogo y asumido por la OEA en su resolución del citado día 21, lo hace esta sobre una premisa que deja escrita: Venezuela vive una "situación" y amerita "la búsqueda de soluciones". Algo pasa, claramente, así la Canciller venezolana arguya que nada pasa; de donde Almagro, en su instante, llegado el 23, dibuja tal "situación" bajo aprobación de la mayoría del Consejo.

En su último comunicado, la MUD, más allá de sus disonancias musicales, se repite sobre la ruta señalada. Vuelve el pasado 7 de julio sobre sus pasos del 19 de mayo. En síntesis, indica, palabras más, palabras menos, que diálogo, sí, pero con mediadores de confianza para ambas partes – para el régimen que ya los tiene y para la oposición que reclama de los suyos, incluida la Iglesia y los amigos de la OEA. Diálogo, sí, pero sin secretos, en sede apropiada para ello, obviamente, en Venezuela. Diálogo, sin lugar a dudas, lejos de propósitos dilatorios de lo innegociable, el derecho del pueblo a la participación mediante referendo, sin que los poderes se atrincheren en formas inútiles o no esenciales, como claramente lo prescribe la Constitución.

En la presente publicación, a fin de cooperar con el diálogo efectivo entre los venezolanos y en espera de que el mismo alcance salvaguardar los estándares irrecusables de la Carta Democrática Interamericana, se reúnen 20 textos, declaraciones y manifestaciones escritas varias a que ha dado lugar aquél, como aspiración o posibilidad, desde el instante en que tiene lugar el desconocimiento factual por el gobierno de Maduro de la soberanía popular que se expresara libérrimamente el 6 de diciembre de 2015, otorgándole a la oposición democrática una mayoría calificada en el órgano depositario y representante de la misma, la Asamblea Nacional. No obstante, al respecto, es pertinente la prevención que, con vistas a la realidad actual, hace la Conferencia Episcopal:

"El diálogo, del cual habla el gobierno, comienza por el reconocimiento de la gravedad de la situación en todos los órdenes y la manifestación de la voluntad mediante signos visibles, de querer cambiar positivamente o transformar la situación. El incremento del poder militar no solucionará los problemas éticos y sociales. Un diálogo político sin metas precisas, sin fases definidas y sin resultados previstos es inútil".

I. CON EL PUEBLO, CON LA CONSTITUCIÓN, ¡VAMOS CON TODO!

Caracas, 8 de marzo de 2016

De la exitosa Hoja de Ruta Democrática 2015 a la victoriosa Hoja de Ruta Democrática 2016...

¡Del triunfo en las elecciones parlamentarias a la conquista del Poder para el pueblo!

ESTO YA NO SE AGUANTA: No hace falta mencionar lo mal que estamos. Todos los venezolanos somos víctimas de la peor crisis que ha sufrido nuestro país. Nada funciona, todo está mal y nuestros derechos están siendo constantemente pisoteados, mientras persiste el saqueo del dinero y los recursos de los venezolanos.

POR ESO VENEZUELA INICIÓ EL CAMINO DEL CAMBIO: El pueblo de Venezuela, demócrata convencido, asumió la vía electoral e institucional para solucionar nuestros problemas y le otorgó a la Unidad un claro mandato. Con una victoria sin precedentes, la ciudadanía construyó una mayoría de dos tercios de la Asamblea Nacional para que iniciar el tan necesitado cambio.

EN VEZ DE OBEDECER AL PUEBLO, EL GOBIERNO TRANCÓ EL JUEGO: La respuesta de la cúpula corrupta que mantiene secuestradas las instituciones de nuestro país fue ignorar el grito de nuestro pueblo y ponerse de espaldas al cambio y a las soluciones urgentes que se exigen. En lugar de aceptar el mensaje del cambio y trabajar junto a la nueva Asamblea Nacional para solucionar la grave crisis que vivimos, Nicolás Maduro decidió profundizar su modelo de desastre económico desde la Presidencia de la República y "trancar el juego" institucional a través del apéndice judicial del oficialismo, la Sala Constitucional del Tribunal Supremo de Justicia.

CON EL PUEBLO Y CONTRA LOS CORRUPTOS: Ante esta grave realidad, y ante un régimen que utiliza al Tribunal Supremo de Justicia y a otras instituciones como barricada para alcahuetear a los corruptos y a los ineficientes, la Unidad democrática convoca y apela a la máxima instancia de decisión que tiene nuestro país, como lo es la expresión democrática del pueblo. La voz del pueblo es la voz de Dios.

CON LA CONSTITUCIÓN Y CONTRA LA ARBITRARIEDAD: Nuestra Carta Magna cuenta con varios mecanismos que facultan al pueblo a tener la última palabra frente a situaciones como estas. Pero no nos encontramos en una democracia funcional sino en una autocracia arbitraria. Por eso, en la actual realidad de Venezuela, la activación y éxito de tales mecanismos constitucionales para resolver la crisis sólo podrá lograrse si contamos con algunas condiciones fundamentales: cambios claves dentro de la actual institucionalidad que faciliten la expresión del pueblo, la vigilancia y presión de la comunidad internacional y la voluntad indoblegable del pueblo de ejercer toda la legítima presión ciudadana que haga falta para lograrlo.

TODOS CON LA DEMOCRACIA, Y DEMOCRACIA PARA TODOS: De esta manera, en las presentes condiciones del país, con la Constitución secuestrada por el régimen a través de la Sala Constitucional del TSJ, la solución a la crisis pasa no por la simple escogencia de uno u otro mecanismo constitucional, a partir de las particularidades específicas de cada uno. En realidad, se trata de algo más retador y exigente: la solución real a la crisis pasa por la construcción de la situación social y política que haga que esos mecanismos puedan ser aplicables y eficientes. Es por ello que la Unidad Democrática ha tomado la decisión unánime de convocar al pueblo de Venezuela a conformar el movimiento democrático de presión popular más grande que haya existido para activar TODOS los mecanismos de cambio que se encuentran en nuestra Constitución y conformar con urgencia un Gobierno de Unidad Nacional.

En función de ello, convocamos a todo el pueblo de Venezuela a movilizarnos para:

1. Lograr la renuncia de Nicolás Maduro de la Presidencia de la República, exigiéndola con una amplia movi-

lización popular nacional que debe caracterizarse por su carácter pacífico y su contundente determinación democrática.

2. Aprobar una Enmienda Constitucional que sea votada y defendida por el pueblo para reducir el mandato presidencial y lograr elecciones presidenciales este año.

3. Iniciar el proceso para el Referendo Revocatorio y, para garantizar su convocatoria y realización eficiente, aprobar la Ley de Referendos con el objeto de impedir el bloqueo o retardo de este mecanismo constitucional que es un derecho ciudadano.

La Carta Magna está siendo violada por las instituciones que debieran interpretarla, defenderla y salvaguardarla, y ante esta realidad la Unidad Democrática llama al desarrollo de una intensa y pacífica movilización nacional para recuperar la vigencia plena de la Constitución y rescatar la democracia, como forma eficiente de ejercer la conducta ciudadana a la que nos convocan los artículos 333 y 350 de nuestra Carta Magna. Más allá de la especificidad de los mecanismos que la Constitución plantea, la profundidad de la crisis y la naturaleza del actual régimen exige que pongamos énfasis en la movilización de presión y reencuentro popular, de la que formará parte incluso la conquista de todas las gobernaciones, pues también en esos escenarios regionales debe verificarse el cambio.

Ante el agravamiento de la crisis económica y social, que amenaza con destruir lo poco que queda de convivencia ciudadana y de estabilidad institucional, la Unidad Democrática reitera al pueblo de Venezuela y a la comunidad internacional el compromiso de alcanzar una solución política, electoral constitucional y pacífica este mismo año, así como la disposición de conformar un Gobierno de Unidad Nacional en que todos los sectores del país se sientan representados.

Reiteramos finalmente que, de persistir el gobierno en su práctica irresponsable de intentar bloquear los mecanismos constitucionales para una solución pacífica a la crisis, no dudaríamos en activar un proceso constituyente originario, que por su misma naturaleza estaría a salvo del saboteo de los poderes constituidos. EL CAMBIO ES LO QUE VIENE… ¡Y NADA LO DETIENE!

Mesa de la Unidad Democrática

II. MENSAJE DEL SECRETARIO GENERAL DE LA OEA AL PRESIDENTE DE VENEZUELA

18 de mayo de 2016

Presidente Nicolás Maduro,

No soy agente de la CIA. Y tu mentira, aunque repetida mil veces, nunca será verdad. De todas formas conviene aclararlo, aunque esto sea denegar el absurdo. Mi conciencia está limpia, Presidente, y mi conducta mucho más. No hay ninguna amenaza que me puedas hacer que ni remotamente roce a ninguna de las dos.

No soy traidor. No soy traidor ni de ideas, ni de principios, y esto implica que no lo soy de mi gente, los que se sienten representados por los principios de libertad, honestidad, decencia, probidad pública (sí, de los que suben y bajan pobres del poder), democracia y derechos humanos. Pero tú sí lo eres, Presidente, traicionas a tu pueblo y a tu supuesta ideología con tus diatribas sin contenido, eres traidor de la ética de la política con tus mentiras y traicionas el principio más sagrado de la política, que es someterte al escrutinio de tu pueblo.

Debes devolver la riqueza de quienes han gobernado contigo a tu país, porque la misma pertenece al pueblo, debes devolver justicia a tu pueblo en toda la dimensión de la palabra (incluso encontrar a los verdaderos asesinos de los 43 y no los que tienes presos por sus ideas, aunque no sean ni las tuyas ni las mías). Debes devolver los presos políticos a sus familias.

Debes devolverle a la Asamblea Nacional su legítimo poder, porque el mismo emana del pueblo, debes devolver al pueblo la decisión sobre su futuro. Nunca podrás devolver la vida a los niños muertos en los hospitales por no tener medicinas, nunca podrás desanudar de tu pueblo tanto sufrimiento, tanta intimidación, tanta miseria, tanto desasosiego y angustia.

Que nadie cometa el desatino de dar un golpe de Estado en tu contra, pero que tú tampoco lo des. Es tu deber. Tú tienes un imperativo de decencia pública de hacer el referéndum revocatorio en este 2016, porque cuando la política esta polarizada la decisión debe volver al pueblo, eso es lo que tu Constitución dice. Negar la consulta al pueblo, negarle la posibilidad de decidir, te transforma en un dictadorzuelo más, como los tantos que ha tenido el continente.

Sé que te molesta la OEA y mi trabajo porque entre los Ceibos estorba un Quebracho. Lamento informarte que ni me inclino ni me intimido.

Referencia: C-062/16

III. DECLARACIÓN SOBRE LA RUPTURA DEL ORDEN CONSTITUCIONAL Y DEMOCRÁTICO EN VENEZUELA

Miami Dade College, 13 de mayo de 2016

Iniciativa Democrática de España y las Américas (IDEA), ha participado con una misión de ex Jefes de Estado y de Gobierno, en calidad de acompañante, durante las elecciones parlamentarias que se realizan en Venezuela el pasado 6 de diciembre. En esa oportunidad, se constata la insobornable voluntad democrática del pueblo venezolano, así como la clara victoria que se adjudican entonces las fuerzas de la oposición reunidas en la Mesa de la Unidad Democrática, quienes alcanzan mayoría calificada en la nueva Asamblea Nacional.

En tal sentido, los expresidentes quienes suscribimos la presente declaración, hacemos constar nuestra grave preocupación por la ruptura del orden constitucional y democrático que ha denunciado dicho parlamento el pasado día 10 de mayo.

En el acuerdo respectivo, aprobado por la mayoría de los diputados y firmado por el presidente Henry Ramos

Allup y demás directivos del Poder Legislativo venezolano, se enumeran distintas acciones inconstitucionales de los poderes públicos que desconocen a la soberanía popular, así como la grave crisis que atraviesa ese país en el orden económico, político y de gobernabilidad.

En lo particular, se destaca que el Presidente de la República gobierna por decreto, haciendo valer un estado de emergencia que no ha autorizado el Poder Legislativo, como lo manda la Constitución, y el Tribunal Supremo de Justicia, además de declarar inconstitucionales todas las leyes dictadas por la Asamblea desde su instalación el pasado 5 de enero, pretende imponerle reglas para deliberar y sujeta la labor legislativa a la previa iniciativa del gobierno.

En el acuerdo, por otra parte, se le exige al Presidente de Venezuela, Nicolás Maduro Moros, que respete sin restricciones el mandato de cambio democrático y constitucional que decidió la mayoría del pueblo de Venezuela el 6 de diciembre de 2015 y lo exhorta a que no utilice a los demás poderes del Estado para impedir u obstaculizar las acciones que adelanta constitucionalmente la Asamblea Nacional para resolver la grave crisis que aqueja al país.

En dicho comunicado se insta al Poder Ejecutivo, en la persona del mismo presidente, a remover los obstáculos que impiden el dialogo en el país, que dé muestras claras de su responsabilidad en la conducción del gobierno y asegure la paz social hoy perturbada, activando los mecanismos para liberación de los presos políticos, permitir la ayuda humanitaria en materia de alimentos y medicamentos, abandonar el discurso de odio y violencia, así como el de construir una agenda común con todos los sectores del país para la reconstrucción nacional, la lucha contra la corrupción y la impunidad, así como el respeto a los derechos humanos.

La Asamblea Nacional, órgano representativo de la voluntad popular y a la que ofrecen su respaldo los ex presidentes reunidos en la IDEA, rechaza el activismo político partidista del Tribunal Supremo de Justicia, que pretende desconocer la autoridad del Poder Legislativo mediante limitaciones y condiciones al ejercicio de sus funciones, entre otras las amenazas de acciones penales contra los diputados que han acudido ante las organizaciones internacionales a denunciar las violaciones al estado de derecho, a quienes el gobierno a tildado de "traidores a la patria".

El comunicado en cuestión se dirige asimismo al Consejo Nacional Electoral, exigiéndole que asuma su obligación constitucional de generar condiciones favorables para el ejercicio del derecho fundamental a la participación política de los venezolanos, a través de los mecanismos constitucionales del referendo, consulta popular y revocatoria de mandato, pero por sobre todo, que actúe como un órgano imparcial de modo que, en 2016, el pueblo de Venezuela pueda expresar libremente su voluntad de cambio democrático a través de un referéndum revocatorio presidencial.

Finaliza el documento con un llamado a las instituciones internacionales para que se pronuncien al respecto y adopten las medidas tendientes a exigir al gobierno y los poderes públicos a su servicio, garantizar la vigencia efectiva de los derechos fundamentales en Venezuela, recordándoles que la separación de poderes constituye un principio fundamental de funcionamiento del Estado y que las reglas del buen gobierno democrático les imponen la obligación de respetar las decisiones que la Asamblea Nacional adopte en el ámbito de sus competencias. De allí que firmemente denuncia el desconocimiento por el Ejecutivo Nacional y por el Tribunal Supremo de Justicia, de la autoridad de la Asamblea Nacional, cuerpo representativo del pueblo venezolano, cuya legitimidad deriva de la expresión mayoritaria del electorado y de la soberanía popular.

IDEA y los ex presidentes hacen constar que Venezuela atraviesa la peor crisis económica, social y de gobernabilidad de su historia republicana. En medio de esta delicada situación, el Poder Ejecutivo, en lugar de dar muestras de buena voluntad para superarla, mantiene un discurso de conflictividad institucional, promoviendo y desarrollando acciones de persecución política contra los diputados a la Asamblea Nacional y dirigentes de la oposición, así como continuas violaciones a los principios fundamentales del Estado de Derecho y de la democracia, atentando contra la estabilidad y la paz en el país. Dado ello hacen un llamado urgente a los gobernantes de la región y a las organizaciones internacionales, para que den muestras de solidaridad activa con el pueblo venezolano, a fin de que supere sus graves padecimientos y restablezca las libertades democráticas.

Oscar Arias, Costa Rica

José María Aznar, Expresidente del gobierno de España

Belisario Betancur, Colombia

Armando Calderón Sol, Expresidente de El Salvador

Rafael Ángel Calderón, Expresidente de Costa Rica

Alfredo Cristiani, Expresidente de El Salvador

Laura Chinchilla, Expresidenta de Costa Rica

Fernando De la Rúa, Expresidente de Argentina

Sixto Durán Ballén, Ecuador

Vicente Fox, Expresidente de México

César Gaviria T., Expresidente de Colombia

Lucio Gutiérrez, Expresidente de Ecuador

Luis Alberto Lacalle, Expresidente de Uruguay

Ricardo Lagos, Chile

Jamil Mahuad, Expresidente de Ecuador

Luis Alberto Monge, Expresidente de Costa Rica

Mireya Moscoso, Expresidenta de Panamá

Andrés Pastrana, Expresidente de Colombia

Sebastián Piñera, Expresidente de Chile

Jorge Quiroga, Expresidente de Bolivia

Miguel Ángel Rodríguez, Expresidente de Costa Rica

Alejandro Toledo, Expresidente de Perú

Álvaro Uribe V., Expresidente de Colombia

Juan Carlos Wasmosy, Expresidente de Paraguay

Es auténtica:

Asdrúbal Aguiar
Director IDEA
www.idea-democratica.org

IV. COMUNICADO SOBRE ENCUENTRO CON EL EX PRESIDENTE RODRÍGUEZ ZAPATERO

Caracas, 19 de mayo de 2016

"Informamos al país que en horas de la mañana de este jueves 19 de mayo una representación de la Mesa de la Unidad Democrática, encabezada por el Secretario Ejecutivo de la alianza, Jesús Chuo Torrealba, e integrada, además, por Henry Ramos Allup, Julio Borges, Freddy Guevara, Enrique Márquez, Simón Calzadilla y Timoteo Zambrano, sostuvo una reunión con el ex jefe de Gobierno Español, José Luis Rodríguez Zapatero. En este encuentro, el ex mandatario ibérico expuso su disposición a promover, junto con la Unión de Naciones Suramericanas (UNASUR), lo que calificó como un "diálogo nacional" que procure una solución pacífica y democrática a la grave crisis económica, social y política que vive Venezuela.

Tras haber escuchado los términos en que esa iniciativa fue después expuesta por el ex Jefe de Gobierno Rodríguez Zapatero en rueda de prensa, la Mesa de la Unidad Democrática fija posición en los siguientes términos:

1) Agradecemos la disposición del ex mandatario español de ayudar al pueblo venezolano a construir una solución pacífica, electoral, democrática y constitucional a la profunda crisis que vive nuestro país. Así como hemos agradecido antes las posiciones de relevantes personalidades internacionales como el Papa Francisco; el secretario general de la OEA, Luis Almagro; el ex presidente colombiano, Andrés Pastrana; o el Premio Nobel de la Paz, Oscar Arias, entre muchas otras personalidades e instituciones, hoy saludamos como positivo el gesto del ex mandatario Rodríguez Zapatero.

2) Como fuerza que hoy representa a una amplia mayoría electoral, la Mesa de la Unidad Democrática ratifica su disposición a participar en toda iniciativa de diálogo que sea útil al país y que no sea simplemente una "operación de distracción" del gobierno dirigida a "ganar tiempo", porque tiempo que "gane" el gobierno es tiempo que pierde el pueblo venezolano, hoy urgido de soluciones frente al flagelo del hambre, la escasez de medicinas, la inflación galopante y la terrible inseguridad.

3) Coincidimos con la Conferencia Episcopal Venezolana en que para que el diálogo sea útil al país debe tener agenda precisa, objetivos claros, reglas transparentes y sobre todo respeto por el sentido de urgencia que hoy tiene el pueblo venezolano ante la gravedad de la crisis. En esa dirección afirmamos con claridad que para nosotros toda intención de apoyo a la democracia venezolana pasa por viabilizar que el pueblo venezolano se exprese libre-

mente, que sea la voz del soberano la que construya la solución democrática y pacífica. Si lo que se quiere promover es un auténtico DIÁLOGO NACIONAL, no solo un debate partidista o institucional, entonces la NACIÓN debe hablar y ser escuchada. Y el mecanismo que la Constitución de la República Bolivariana de Venezuela prevé para tal fin es el REFERENDO REVOCATORIO. En consecuencia, el primer punto de la agenda de todo proceso de diálogo serio en la Venezuela actual debe ser, precisamente, como quitar los obstáculos y triquiñuelas que intentan interferir, sabotear o postergar el ejercicio de ese derecho constitucional.

4) Reiteramos igualmente la importancia fundamental que para brindar un marco adecuado a un proceso de diálogo serio y útil tiene la liberación de los presos políticos, el retorno de los exiliados y el cese de las causas judiciales originadas en la persecución gubernamental contra la disidencia.

5) Expresamos públicamente nuestra extrañeza por lo planteado en la rueda de prensa por el ex presidente de República Dominicana, Leonel Fernández, sobre el tema económico. Nada de lo afirmado por Fernández formó parte de lo conversado con el ex mandatario español Rodríguez Zapatero. De hecho, nuestra visión de la tragedia económica que vive nuestro país difiere radicalmente de lo dicho por Fernández. La destrucción de la economía venezolana, a la que ingresaron un millón de millones de dólares en los últimos 12 años, no se puede explicar sin

denunciar el morbo de la corrupción oficial y la existencia de un "modelo económico" que en vez de generar riqueza se especializa en multiplicar y distribuir pobreza. Dicho de otra manera, en Venezuela no hay solución económica si no hay cambio político, y al logro pacífico de este último objetivo debe orientarse un verdadero proceso de diálogo nacional.

La Mesa de la Unidad Democrática reitera, pues, su seria disposición a un verdadero proceso de diálogo, tal como lo hemos venido planteando en muchas ocasiones. Un diálogo acompañado por hechos, hechos que generen resultados. Un diálogo en el que sus actores tengan la humildad necesaria para comprender y aceptar que quien debe tener la última palabra es el pueblo venezolano, y que esa voz del pueblo, expresada a través del ejercicio de un derecho constitucional como lo es el Referendo Revocatorio, es lo democráticamente inapelable.

Por la Mesa de la Unidad Democrática,

LA SECRETARÍA EJECUTIVA

V. COMUNICADO DE LA MESA DE LA UNIDAD DEMOCRÁTICA (MUD)

Caracas, 27 de mayo de 2016

Ojos del mundo sobre Venezuela

1) Vivimos el tiempo de la política, no el de la violencia. Vivimos en una región en que los países han ido aprendiendo a resolver sus diferencias internas mediante mecanismos pacíficos y constitucionales, como está ocurriendo actualmente en Colombia y Brasil; vivimos en un continente en que antiguos antagonismos han asumido ahora los cauces de la diplomacia y la política, como lo manifiesta la nueva relación existente entre Washington y La Habana, y en un mundo en el que con cada vez mayor frecuencia los conflictos armados no son ya protagonizados por Estados sino por grupos irregulares u organizaciones terroristas.

2) En una región, un continente y un mundo con estas características, el actual gobierno venezolano constituye un lamentable y peligroso anacronismo, pues

en vez de permitir y promover la resolución pacífica de los severos conflictos que hoy aquejan a nuestra sociedad (y que con especial crueldad agreden a los más vulnerables: los pobres, los enfermos, los niños, los ancianos, las mujeres...), la cúpula corrupta que ha saqueado y que hoy desgobierna nuestra nación se sigue empeñando en bloquear las soluciones electorales, pacíficas y democráticas, como el referendo revocatorio previsto en nuestra Constitución, con lo que están empujando irresponsablemente al país al abismo de la confrontación, la intolerancia y la violencia.

3) Esta situación está siendo advertida con preocupación por la comunidad internacional, ya que si la crisis venezolana, en vez de lograr una solución pacífica y electoral llegara a tener, desgraciadamente, un desenlace extra político, es decir, violento, tal circunstancia tendría un efecto altamente negativo en toda la región y probablemente impactaría también las relaciones de la región con el resto del mundo. Es por ello que se ha producido una sucesión de manifestaciones de solidaridad y preocupación por parte de muy diversas y relevantes personalidades e instituciones, desde el papa Francisco hasta el alto comisionado de las Naciones Unidas para los Derechos Humanos; desde el canciller Luis Almagro, secretario general de la OEA; hasta el Parlamento Europeo; desde expresidentes latinoa-

mericanos como Andrés Pastrana y Oscar Arias, hasta exjefes de gobierno españoles como Felipe González, José María Aznar y José Luis Rodríguez Zapatero. Estas manifestaciones de preocupación y solidaridad, los demócratas venezolanos las agradecemos y valoramos altamente, pues si bien sabemos que los problemas de nuestro país los resolveremos nosotros los venezolanos, estamos también conscientes de que la lucha por la democracia y por los derechos humanos no conoce fronteras.

4) En ese contexto ubicamos y agradecemos el comunicado emitido el día de hoy en horas de la madrugada por el G7, integrado por los siete países más industrializados del mundo (Alemania, Japón, Estados Unidos, Canadá, Italia, Reino Unido y la Unión Europea) en el cual se insta al gobierno venezolano a 'respetar los derechos fundamentales, los procesos democráticos, las libertades y el imperio de la ley'. Manifestaciones como estas dan aliento al pueblo venezolano en la lucha por libertad y democracia, y le dicen con claridad a la burocracia corrupta que con violencia se aferra al poder, que su conducta está siendo observada por el mundo entero, por lo que no encontrará escondite si su actuación en la presente crisis continúa interfiriendo las soluciones pacíficas y electorales que el pueblo venezolano quiere y que la comunidad internacional apoya.

5) A nuestros hermanos paraguayos y del resto de los países que integran Mercosur les reiteramos nuestro respeto y respaldo al Protocolo de Ushuaia, documento que establece el compromiso democrático del Mercosur y cuyo artículo 1 expresa que 'La plena vigencia de las instituciones democráticas es condición esencial para el desarrollo de los procesos de integración entre los Estados Partes del presente Protocolo', instituciones democráticas hoy vulneradas y escarnecidas por el régimen que preside el señor Nicolás Maduro.

6) A nuestros hermanos hispanos, que hoy manifiestan legítima preocupación por la situación que en esta colapsada Venezuela enfrentan los más de 200 mil españoles e hijos y nietos de españoles que aquí viven, les expresamos también nuestro agradecimiento por la mirada atenta y solidaria con que siguen la delicada evolución de esta crisis, y les reiteramos que para los demócratas venezolanos tal preocupación no es 'injerencia' en nuestros asuntos internos, como si lo fue, por cierto, cuando activistas disfrazados de catedráticos vinieron a intervenir en la política venezolana, redactando las recetas que el régimen utilizó para destruir nuestra economía y nuestra convivencia, y que luego - tras cobrar jugosos emolumentos - retornaron a la península ibérica a tratar de repetir allá el engaño que habían diseñado y probado primero en Venezuela: asaltar la de-

mocracia para destruirla desde adentro. Eso no PODEMOS aceptarlo, ni venezolanos ni españoles. Hoy, cuando por fin los ojos del mundo están sobre Venezuela, les decimos a todos los amigos de esta tierra, de este pueblo y de la democracia, que aquí y ahora la paz se llama referendo revocatorio, que el diálogo necesario es el que apuntale y promueva la realización y acatamiento de la consulta electoral, y que ninguna salida de fuerza será sostenible, pues nada puede detener a un pueblo que quiere cambio, democracia y libertad.

Por la Mesa de la Unidad Democrática

LA SECRETARIA EJECUTIVA.

VI. REVOCATORIO, LIBERTAD DE LOS PRESOS Y EXILIADOS POLÍTICOS, ATENCIÓN A LAS VÍCTIMAS DE LA CRISIS HUMANITARIA, RESPETO A LA AN Y A LA CONSTITUCIÓN: ¡ESE ES EL "DIÁLOGO" GENUINO QUE INTERESA AL PUEBLO VENEZOLANO!

Caracas, 28 de mayo de 2016

Tras culminar en República Dominicana el encuentro entre representantes de los demócratas venezolanos y el ex jefe de gobierno español José Luis Rodríguez Zapatero y los ex presidentes Martín Torrijos, de Panamá, y Leonel Fernández, de República Dominicana, la Mesa de la Unidad Democrática se dirige al pueblo venezolano, a la región y al mundo para informar lo siguiente:

1) Esta reunión se produce en un contexto altamente favorable para la lucha del pueblo venezolano por la libertad y la democracia. Al muy importante comunicado del G7 hay que agregarle otros varios elementos, que se hicieron visibles ante el mundo en las últimas 48 horas: La solicitud de Paraguay a Mercosur para discutir la situación

de Venezuela; El significativo gesto del Papa Francisco recibiendo al secretario de UNASUR Ernesto Samper; la declaración del Secretario de Estado norteamericano John Kerry respaldando la mediación de Zapatero, son datos todos reveladores de la voluntad política de la comunidad internacional orientada a respaldar la solución pacífica, electoral, política a la crisis venezolana. Eso significa adelanto de elecciones, y el formato más probable por su carácter constitucional es el Referendo Revocatorio. A esta reunión, convocada por el ex jefe de gobierno español José Luis Rodríguez Zapatero, la Unidad asiste desde la posición de fortaleza así descrita.

2) NUNCA el régimen que desgobierna Venezuela estuvo tan solo, tras haber constatado el mundo en las elecciones del pasado 6 de diciembre que ese proyecto político no cuenta ya con apoyo popular. Eso es lo que hizo posible que ayer viernes 27 y hoy sábado 28 de mayo los ex presidentes Zapatero, Torrijos y Fernández se reunieran con nuestros representantes (Carlos Vecchio, VP; Luis Aquiles Moreno, AD; Alfonso Marquina, PJ; Timoteo Zambrano, UNT), que expusieron nuestros puntos para la agenda de cualquier diálogo posible. Estos puntos son:

A) Que la crisis venezolana encuentre solución pacífica mediante la consulta democrática al pueblo: Referendo Revocatorio

B) Libertad de los presos, cese de la judicialización por persecución política y retorno de los exiliados

C) Admisión del régimen de la ayuda internacional en medicinas y alimentos para atender con urgencia la crisis humanitaria, y construcción de soluciones a la crisis económica generada por la corrupción oficial y el modelo económico generador de miseria, en el marco de los 10 puntos para la recuperación económica elaborados por la Asamblea Nacional

D) Respeto a la Constitución, a la separación de poderes y a la Asamblea Nacional.

3) Esos puntos se los llevaron los ex presidentes a los representantes de la parte oficialista, con quienes no se ha producido encuentro directo alguno: Este ha sido un encuentro de las partes con los mediadores. El resultado de este encuentro será expuesto detalladamente por la Unidad al pueblo venezolano, para determinar los pasos a seguir.

4) Otro aspecto importante a destacar es que esta iniciativa no sólo no contradice o colide con los esfuerzos que hemos estado promoviendo desde la OEA, con el apoyo de destacados amigos de la lucha del pueblo venezolano por la democracia, sino que es exactamente lo contrario: ESTO QUE ESTA PASANDO OCURRE PRECISAMENTE PORQUE EN LA OEA ESTA AVANZANDO LA ACTIVACIÓN DE LA CARTA DEMOCRÁTICA, y para que estas y otras gestiones (mediación de Zapatero, Unasur, Mercosur, etc.) sigan avanzando, es fundamental que la presión desde la OEA se mantenga e incremente.

5) Reiteramos finalmente lo expresado ya en los comunicados de la Unidad de fecha 19 de Mayo, tras el primer

encuentro de representantes de la MUD con Rodríguez Zapatero, y el emitido con fecha 27 de mayo, en agradecida respuesta al comunicado del G7: "El diálogo necesario es aquel que apuntale y promueva la realización y acatamiento de la consulta electoral. Ninguna salida de fuerza será sostenible, pues nada puede detener a un pueblo que quiere cambio, democracia y libertad".

Por la Mesa de la Unidad Democrática,

LA SECRETARÍA EJECUTIVA

VII. SECRETARIO GENERAL INVOCA CARTA DEMOCRÁTICA INTERAMERICANA Y CONVOCA CONSEJO PERMANENTE SOBRE VENEZUELA

Washington, DC, 31 de mayo de 2016

Estimado Presidente del Consejo Permanente:

Tengo el agrado de dirigirme a Usted a los efectos de solicitar la convocatoria a una sesión urgente del Consejo Permanente de los Estados Miembros entre el 10 y el 20 de junio de 2016, conforme al procedimiento establecido en el artículo 20 de la Carta Democrática Interamericana de acuerdo al cual "... el Secretario General podrá solicitar la convocatoria inmediata del Consejo Permanente para realizar una apreciación colectiva de la situación y adoptar las decisiones que estime conveniente.

El Consejo Permanente, según la situación, podrá disponer la realización de las gestiones diplomáticas necesarias, incluidos los buenos oficios, para promover la normalización de la institucionalidad democrática.

Si las gestiones diplomáticas resultaren infructuosas o si la urgencia del caso lo aconsejare, el Consejo Permanente convocará de inmediato un período extraordinario de sesiones de la Asamblea General para que ésta adopte las decisiones que estime apropiadas, incluyendo gestiones diplomáticas, conforme a la Carta de la Organización, el derecho internacional y las disposiciones de la presente Carta Democrática.

Durante el proceso se realizarán las gestiones diplomáticas necesarias, incluidos los buenos oficios, para promover la normalización de la institucionalidad democrática". Este procedimiento deberá atender la "alteración del orden constitucional" y como la misma afecta gravemente "el orden democrático" de la República Bolivariana de Venezuela lo cual se sustenta en las denuncias formuladas a la Secretaría General por la Asamblea Nacional de Venezuela, así como en las siguientes consideraciones de hecho y de derecho:

Sigue informe completo del Secretario General

Referencia: C-068/16

VIII. DECLARACIÓN DE RESPALDO A LA LABOR DEL SECRETARIO GENERAL DE LA ORGANIZACIÓN DE LOS ESTADOS AMERICANOS SOBRE VENEZUELA

31 de mayo de 2016

Los ex Jefes de Estado y de Gobierno firmantes de las declaraciones de Iniciativa Democrática de España y las Américas (IDEA); Reiterando la preocupación que expresamos el pasado 13 de mayo respecto a la ruptura del orden constitucional y democrático por parte del Poder Ejecutivo y del Tribunal Supremo de Justicia de Venezuela, al desconocer a una Asamblea Nacional que es legítima depositaria de la soberanía popular; Conociendo el Acuerdo que exhorta al Poder Electoral al cumplimiento de la Constitución y a generar las condiciones que permitan la realización, durante el presente año, del referendo que facilite la solución pacífica, democrática, constitucional y electoral a la grave crisis institucional, política y humanitaria que vive Venezuela; Siendo conscientes de otras declaraciones previas emanadas de la misma Asamblea, en las que se alerta de la situación de crisis humanitaria, sanitaria y alimenticia que afecta a la totalidad de los venezolanos y crea escenarios de violencia social creciente; Persuadidos de que la Secretaría de la Unión de Naciones Suramericanas (UNASUR), ha hecho pública su adhesión y apoyo irrestricto al gobierno de Venezuela, y ha cooperado con éste con distintas misiones de ex presidentes a fin de desacelerar la legítima protesta democrática, arguyendo la necesidad del diálogo. Consideramos que el diálogo, inexcusable para los demócratas, debe fundarse en la verdad, la justicia y el restablecimiento del Estado de Derecho. Por ello exigimos al gobierno de Venezuela, una vez más, la liberación de los presos políticos, la garantía del derecho del pueblo a su participación democrática mediante referendos y el respeto a las decisiones de la Asamblea Nacional, depositaria de la soberanía popular en toda democracia. Solicitamos además que, vista la publicación del informe del Secretario General de la Organización de los Estados Americano sobre Venezuela, tenga lugar, conforme a los términos de la Carta Democrática Interamericana, la convocatoria inmediata de un debate ante el Consejo Permanente al que sean convocados tanto el gobierno venezolano como los máximos representantes de la Asamblea Nacional que ha sido objeto de su desconocimiento.

Oscar Arias, Costa Rica

José María Aznar, España

Nicolás Ardito Barletta, Panamá

Belisario Betancur, Colombia

Armando Calderón Sol, El Salvador

Rafael Ángel Calderón, Costa Rica

Laura Chinchilla M., Costa Rica

Alfredo Cristiani, El Salvador

Fernando de la Rúa, Argentina

Vicente Fox, México

Eduardo Frei, Chile

César Gaviria T., Colombia

Lucio Gutiérrez, Ecuador

Osvaldo Hurtado, Ecuador

Luis Alberto Lacalle, Uruguay

Jamil Mahuad, Ecuador

Luis Alberto Monge, Costa Rica

Mireya Moscoso, Panamá

Jorge Quiroga, Bolivia

Andrés Pastrana A., Colombia

Sebastián Piñera, Chile

Miguel Ángel Rodríguez, Costa Rica

Alejandro Toledo, Perú

Álvaro Uribe V., Colombia

Juan Carlos Wasmosy, Paraguay

Es auténtica:

Asdrúbal Aguiar
Director IDEA
www.idea-democratica.org

IX. DECLARACIÓN DEL CONSEJO PERMANENTE SOBRE LA SITUACIÓN EN LA REPÚBLICA BOLIVARIANA DE VENEZUELA

Washington DC, 1 de junio de 2016

EL CONSEJO PERMANENTE DE LA ORGANIZACIÓN DE LOS ESTADOS AMERICANOS,

CONSIDERANDO:

Que la Carta de la Organización de los Estados Americanos reconoce que la democracia representativa es condición indispensable para la estabilidad, la paz y el desarrollo de la región, que uno de los propósitos de la OEA es promover y consolidar la democracia dentro del respeto del principio de no intervención en los asuntos internos de los Estados y que todo Estado tiene derecho a elegir, sin injerencias externas, su sistema político, económico y social, y a organizarse en la forma que más le convenga,

DECLARA:

1 Su fraternal ofrecimiento a la hermana República Bolivariana de Venezuela a fin de identificar, de común acuerdo, algún curso de acción que coadyuve a la búsqueda de soluciones a su situación mediante un dialogo abierto e incluyente entre el Gobierno, otras autoridades constitucionales y todos los actores políticos y sociales de esa nación para preservar la paz y la seguridad en Venezuela, con pleno respeto a su soberanía.

2. Su respaldo a la iniciativa de los ex presidentes José Luis Rodríguez Zapatero de España, Leonel Fernández de la República Dominicana y Martín Torrijos de Panamá, para la reapertura de un diálogo efectivo entre el Gobierno y la Oposición, con el fin de encontrar alternativas para favorecer la estabilidad política, el desarrollo social y la recuperación económica de la República Bolivariana de Venezuela.

3. Su respaldo a las diferentes iniciativas de diálogo nacional que conduzcan, con apego a la Constitución y el pleno respeto de los derechos humanos, de manera oportuna, pronta y efectiva a la solución de las diferencias y la consolidación de la democracia representativa.

4. Su apoyo a todos los esfuerzos de entendimiento, diálogo y a los procedimientos constitucionales.

CP36366S01.doc

X. LA MESA DE LA UNIDAD DEMOCRÁTICA CELEBRA LA RESOLUCIÓN DE LA OEA Y AVANCE HACIA LA ACTIVACIÓN DE LA CARTA DEMOCRÁTICA

Caracas, 2 de junio de 2016

Ante la Resolución emitida por la reunión extraordinaria de la OEA realizada para iniciar el debate sobre la crisis venezolana este miércoles 1ro de junio, la Mesa de la Unidad Democrática fija una primera posición, expresada en los siguientes términos:

1. Hoy los venezolanos demostramos en la OEA que la comunidad internacional reconoce la gravedad, profundidad y urgencia de la crisis humanitaria y la crisis política que atraviesa Venezuela y que ha convertido al que fue uno de los pueblos más prósperos de la región en un país sin alimentos, sin medicinas, sin seguridad personal, sin democracia y sin libertad.

2. En esta reunión el régimen que preside Maduro presentó un proyecto de resolución que fue desechada por la

mayoría de los países. Se confirma así el aislamiento internacional de la cúpula corrupta que desgobierna el país.

3. Como consecuencia de ese aislamiento del régimen madurista, el proyecto de resolución presentando inicialmente por Argentina fue rechazado, al ser asumido por muchas naciones como "demasiado blando" para con un régimen merecedor de mayor censura, mientras que el proyecto de resolución presentado por México fue aprobado finalmente con el apoyo de 25 países

4. Destacamos y agradecemos que la Resolución aprobada hoy en la OEA sobre Venezuela exige al desgobierno venezolano respetar los DDHH y respalda el uso de procedimientos constitucionales para resolver la crisis, procedimientos entre los que destaca el referendo revocatorio

5. Es igualmente importante precisar que la posibilidad de activar y aplicar la Carta Democrática sigue en pie y que en muy próximos eventos la OEA podrá debatir diversas modalidades para la utilización de ese instrumento.

6. Los problemas de Venezuela los resolveremos los venezolanos, apoyados ahora por la solidaridad activa de un sistema interamericano y de una comunidad internacional que públicamente se ha pronunciado por el respeto a los mecanismos constitucionales para el cambio de gobierno y que ha exigido al régimen que preside Maduro respeto a las Derechos Humanos. El resultado de esta reunión extraordinaria de la OEA revela y expresa que la

Unidad Democrática hace avanzar la lucha del pueblo venezolano por la democracia y la libertad en todos los escenarios internacionales -OEA, UNASUR, Mercosur, etc.- haciendo retroceder al régimen en todos esos espacios donde antes solo se escuchaba su voz y profundizando el aislamiento de un régimen cuya corrupción, ineficiencia, conducta grotesca y lenguaje procaz constituyen una vergüenza para esta Patria que, por independiente y soberana, ha decidido soberanamente REVOCAR el autoritarismo y la corrupción y construir una Venezuela de progreso, seguridad, democracia y libertad.

Por la Mesa de la Unidad Democrática,

LA SECRETARÍA EJECUTIVA

XI. SECRETARIA DE UNASUR HACE LLAMADO A LA OPOSICIÓN

Quito, Mitad del Mundo, 6 de junio de 2016

La Secretaría General de UNASUR informa que en la fecha, como fuera previamente acordado con las partes, en República Dominicana, los ex Presidentes José Luis Rodríguez Zapatero de España, Leonel Fernández de República Dominicana y Martin Torrijos de Panamá, por invitación de la SG de UNASUR, se hicieron presentes para dar continuidad a las reuniones exploratorias con los representantes del Gobierno de la República Bolivariana de Venezuela y de la oposición representada por partidos de la Mesa de Unidad Democrática, para avanzar en la iniciativa de promover un Diálogo Nacional.

Los representantes de la oposición no asistieron a la reunión previamente acordada. Iniciada la reunión, la SG de UNASUR recibió una notificación de la Secretaría Ejecutiva de la MUD mediante la cual se solicitaba diferir el encuentro.

La Secretaría General de UNASUR y los ex Presidentes reafirman la firme voluntad de apoyar a Venezuela, para generar las condiciones que permitan llegar a un Diálogo Nacional en la búsqueda del bienestar de todos los ciudadanos.

Considerando la ratificación de la voluntad expresada por los representantes del Gobierno para mantenerse de manera firme en el proceso, cumpliendo el ciclo de reuniones de trabajo acordado, la SG de UNASUR y los ex Presidentes hacen un llamado a la oposición representada en la MUD a reincorporarse lo antes posible, y continuar en el único camino que permitirá reafirmar la paz, la convivencia y el diálogo, como mecanismos para el entendimiento entre los venezolanos, tal como ha sido claramente apoyado por la comunidad internacional y hemisférica.

XII. COMUNICADO DE CANCILLERES Y JEFES DE DELEGACIÓN SOBRE LA SITUACIÓN EN LA REPÚBLICA BOLIVARIANA DE VENEZUELA

46° Asamblea General Ordinaria de la OEA

Santo Domingo, República Dominicana, 15 de junio de 2016.

(Argentina, Belice, Brasil, Canadá, Chile, Colombia, Costa Rica, Estados Unidos de América, Guatemala, Honduras, México, Panamá, Paraguay, Perú y Uruguay)

Los Estados Miembros de la Organización de los Estados Americanos (OEA) reafirmado nuestro compromiso con la Carta de la Organización de los Estados Americanos y la Carta Democrática Interamericana, que proclama que *"los pueblos de América tienen derecho a la democracia y sus gobiernos la obligación de promoverla y defenderla"*, y nuestro compromiso con el respeto del principio de no injerencia, los principios y valores universales de la democracia, los derechos humanos, la libertad de expresión y asociación:

Reafirmamos la Declaración del Consejo Permanente de la OEA (CP / DEC 63 2076/16) del 1 de junio de 2016, mediante la cual expresamos nuestro fraternal ofrecimiento a la República Bolivariana de Venezuela a fin de identificar, de común acuerdo, algún curso de acción que coadyuve a la búsqueda de soluciones a su situación mediante un dialogo abierto e incluyente entre el Gobierno, otras autoridades constitucionales y todos los actores políticos y sociales de esa nación para preservar la paz y la seguridad en Venezuela, con pleno respeto a su soberanía.

Apoyamos un diálogo político oportuno, nacional, incluyente y eficaz para hacer frente a las necesidades inmediatas de la población venezolana, de conformidad con su Constitución y la garantía del pleno respeto de los derechos humanos y la consolidación de la democracia representativa;

Expresamos nuestro apoyo a los esfuerzos realizados por los ex presidentes José Luis Rodríguez Zapatero de España, Leonel Fernández de la República Dominicana y Martín Torrijos de Panamá y el deseo de que este proceso llegue a resultados positivos en un tiempo razonable;

Alentamos el respeto a la Constitución de la República Bolivariana de Venezuela, que consagra, entre otras, la separación de poderes, el respeto al Estado de Derecho y las instituciones democráticas y expresamos nuestro apoyo a la aplicación justa y oportuna de los procedimientos constitucionales; y

Condenamos la violencia independientemente de su origen y pedimos a las autoridades responsables garantizar el debido proceso y los derechos humanos, incluyendo el derecho a reunión pacífica y la libertad de expresión de ideas.

Nos congratulamos por la participación de los ex presidentes José Luis Rodríguez Zapatero de España, Martín Torrijos de Panamá y Leonel Fernández de la República Dominicana en la sesión extraordinaria del Consejo Permanente convocada para el 21 de junio de 2016, para conocer el estado de las gestiones que les han sido encomendadas, y reiteramos nuestro apoyo a la convocatoria de una sesión extraordinaria del Consejo Permanente el 23 de junio de 2016 para la consideración del informe del Secretario General sobre Venezuela.

XIII. COMUNICACIÓN DE RESPALDO DE EX JEFES DE ESTADO Y DE GOBIERNO (IDEA) AL SECRETARIO GENERAL DE LA OEA

Washington, D.C., 17 de junio de 2016

Señor:
Luis Almagro
Secretario General de la Organización de los
Estados Americanos
Washington, D.C.

Señor Secretario General:

Los ex Jefes de Estado y de Gobierno firmantes de las declaraciones de Iniciativa Democrática de España y las Américas (IDEA) nos dirigimos a Usted para reiterarle nuestro apoyo, en la esperanza de que la reunión del próximo 23 de junio del Consejo Permanente de la OEA sirva para comenzar a reinstaurar el orden democrático en Venezuela.

Al igual que Usted somos convencidos de que la Carta Democrática Interamericana es síntesis de la evolución y el progreso democrático del Continente y también una actualización del derecho a la democracia de nuestros pueblos y del deber de garantizarlo por parte de los gobiernos.

Suscribimos sus afirmaciones respecto de las graves alteraciones al ordenamiento constitucional y democrático de Venezuela, especialmente tras las elecciones parlamentarias que se realizaron el 6 de diciembre de 2015, en las que el pueblo venezolano otorgó un clamoroso apoyo mayoritario a la oposición democrática. De ellas hemos dado cuenta sucesiva en numerosas declaraciones a partir de la Declaración de Panamá, que hiciéramos pública el 9 de abril de 2015 treinta y tres (33) ex gobernantes, en el contexto de la VII Cumbre de las Américas.

La invocación que Usted ha hecho del artículo 20 de la Carta Democrática Interamericana plantea, en efecto, darle eficacia a la potestad excepcional que se le atribuye a la Secretaría General y al Consejo Permanente, que sin requerir del concurso del gobierno afectado o cuestionado puede efectuar "una apreciación colectiva de la situación y adoptar las decisiones que estime conveniente" a fin de promover la normalización democrática en supuestos de "alteración del orden constitucional que afecten gravemente" al orden democrático. De allí, en primera instancia, el valor de la actuación colectiva y la preferencia que dispone dicha norma por las gestiones diplomáticas, incluidos los buenos oficios de la Organización.

En su Informe de 30 de mayo Ud. da cuenta de la crisis multidimensional que vive Venezuela, justamente por ausencia de "un fuerte sistema político que actuase en el más pleno apego a las instituciones y al Estado de Derecho". Pone de relieve, para llegar a dicha conclusión, la muy grave crisis humanitaria que afecta sin discriminaciones a toda la población; la constatada existencia de presos políticos y la criminalización de las protestas; el abierto desconocimiento, por el Poder Ejecutivo y por la irregular Sala Constitucional del Tribunal Supremo de Justicia que este coopta, de las competencias constitucionales de legislación y control que corresponden a la Asamblea Nacional, depositaria que es de la soberanía popular; el ejercicio por el Presidente de un gobierno mediante decretos, bajo un supuesto Estado de Excepción y de Emergencia cuya autorización ha sido expresamente negada por el parlamento; y la obstaculización por el Poder Ejecutivo y el Poder Electoral, de una salida democrática, constitucional, pacífica y electoral mediante el ejercicio del derecho a referendo popular el presente año.

Al expresarle nuestro respaldo y solidaridad por su lealtad insobornable con los deberes que le obligan al frente de la OEA, asimismo hacemos un llamado a nuestros respectivos gobiernos para que, en el debate planteado sobre su Informe, los Representantes Permanentes ante el Consejo estén a la altura de lo que Usted claramente señala: "Ética en la política significa también ser consecuente entre la intención y la acción... es ser fiel a los valores y motivaciones que hacen a una persona participar en la política". Y es que convenimos con Usted en la importancia del mecanismo del diálogo, para que sea posible y real la cooperación colectiva de la OEA en la normalización democrática de Venezuela; del reconocimiento de que al fin y al cabo corresponde a los venezolanos encontrar, ayudados de buena fe por la OEA, su propia solución; pero admitiendo que "dialogar no es sentarse a hablar, es demostrar compromiso con la democracia".

El intento oficial de postergar hasta el próximo año el referéndum revocatorio del Presidente de la República Bolivariana de Venezuela, demandado por el pueblo venezolano ante el Consejo Nacional Electoral, y la represión militar y policial del pueblo hambriento con sus primeras víctimas mortales y heridas, no sólo constituyen un inmenso error y así lo hacemos constar ante Usted; antes bien, le abren la puerta a una sustitución fraudulenta dentro del seno del propio chavismo en la conducción del gobierno venezolano, contraria al espíritu de la Constitución, a la normativa del proceso revocatorio que los venezolanos se han otorgado, y a la clara manifestación democrática del electorado ocurrida el citado 6 de diciembre.

Reciba, señor Secretario, las expresiones de nuestra sincera amistad y agradecimiento,

Oscar Arias, Costa Rica

José María Aznar, España

Nicolás Ardito Barletta, Panamá

Belisario Betancur, Colombia

Armando Calderón Sol, El Salvador

Felipe Calderón, México

Rafael Ángel Calderón, Costa Rica

Fernando H. Cardoso, Brasil

Laura Chinchilla, Costa Rica

Alfredo Cristiani, El Salvador

Eduardo Duhalde, Argentina

Fernando de la Rúa, Argentina

Sixto Durán Ballén, Ecuador

Vicente Fox, México

Eduardo Frei, Chile

César Gaviria T.

Lucio Gutiérrez, Ecuador

Osvaldo Hurtado L., Ecuador

Luis Alberto Lacalle, Uruguay

Ricardo Lagos, Chile

Jorge Jamil Mahuad, Ecuador

Luis Alberto Monge, Costa Rica

Mireya Moscoso, Panamá

Andrés Pastrana, Colombia

Sebastián Piñera, Chile

Jorge Quiroga, Bolivia

Miguel Ángel Rodríguez, Costa Rica

Alejandro Toledo, Perú

Álvaro Uribe, Colombia

Juan Carlos Wasmosy, Paraguay

Es auténtico:

Asdrúbal Aguiar A.
Director de IDEA

XIV. COMUNICADO DE LA MUD

Caracas, 20 de junio de 2016

"Cualquiera sea el mecanismo constitucional y político que se escoja para lograrlo, en Venezuela es urgente un cambio democrático, pacífico y electoral en la conducción de sus destinos. El gobierno ha demostrado ser absolutamente incapaz para resolver la crisis generada por sus políticas erróneas y su inmensa corrupción, crisis que padecemos todos los venezolanos sometidos desde hace varios años al empobrecimiento continuo, a la inseguridad atroz y a la creciente escasez de alimentos y medicinas, llegando hoy esta situación a niveles de tragedia humanitaria. La sociedad venezolana en su inmensa mayoría clama por un cambio urgente, pacífico y democrático.

Reafirmamos la importancia de la activación de la Carta Democrática, como mecanismo que ayude a resolver la crisis venezolana de manera pacífica y restablecer el orden constitucional que el gobierno de Nicolás Maduro ha alterado en Venezuela.

Bien es sabido que, obligadas por la grave crisis nacional y la constante alteración al hilo constitucional, la oposición venezolana y la Asamblea Nacional han solicitado la activación de la Carta Interamericana, y que ante esto el gobierno venezolano ha convocado una reunión previa del Consejo Permanente de la OEA para intentar vender un presunto "proceso de diálogo", hasta la fecha inexistente, con el objeto de frenar la activación del artículo 20 de la misma, instrumento suscrito por todos los países de América en el año 2001.

Manifestamos nuestra profunda preocupación porque un futuro y necesario proceso de diálogo efectivo con apoyo internacional, se puede ver obstaculizado por la participación de mediadores en una iniciativa convocada solo por una de las partes.

Los requisitos para el diálogo pasan por el respeto a la Constitución y en ella están claramente establecidas las reglas para convocar el referendo revocatorio, el cual estamos activando no con pocos obstáculos por parte de un gobierno al que el pueblo no quiere y por lo que está ejerciendo su derecho a revocarlo.

Asimismo hemos dicho que cualquier agenda para un diálogo genuino y útil debe incluir la libertad de los presos políticos, el retorno de los exiliados y el cese a la represión, el respeto a la Asamblea Nacional, allanar los obstáculos que el gobierno, a través de sus agentes electorales y judiciales, ha puesto al normal desarrollo del referendo revocatorio y facilitar la apertura de los canales para que la ayuda internacional pueda socorrer a los venezolanos sin medicinas ni alimentos, víctimas de la crisis humanitaria provocada por el gobierno. Hasta el momento, no se han establecido reglas claras para ningún diálogo ni negociación.

En este momento es imprescindible no obstaculizar más la incorporación de los diputados indígenas y permitir la liberación de los diputados electos hoy presos. Es evidente que ha habido una alteración del orden constitucional y que la soberanía popular ha sido violentada, lo que impide el necesario equilibrio de poderes.

En la Unidad Democrática somos hombres y mujeres de diálogo. Reafirmamos que el mismo debe hacerse en forma efectiva y transparente, con un equipo mediador de alto nivel acordado por las partes, respeto a los interlocutores, cese de las agresiones, violaciones a la Constitución y con una agenda acordada.

Esperamos que la mesura permita construir puentes para el respeto y no más muros de desobediencia oficialista a la Constitución, que han generado caos en una sociedad que tiene derecho a vivir mejor y en paz".

XV. EX PRESIDENTE ZAPATERO EXPUSO ANTE CONSEJO PERMANENTE DE LA OEA SOBRE PROCESO DE DIÁLOGO EN VENEZUELA

Washington DC, 21 de junio de 2016

El Consejo Permanente de la Organización de los Estados Americanos (OEA) recibió hoy al ex Presidente del gobierno español José Luis Zapatero, quien explicó la marcha del proceso de diálogo en Venezuela, que impulsa junto a los ex mandatarios de República Dominicana Leonel Fernández y de Panamá Martín Torrijos.

El ex Presidente español, quien lleva a cabo las negociaciones con el aval de Unión de Naciones Sudamericanas (UNASUR), indicó que el diálogo entre el gobierno y la oposición venezolana debe "abordar los conflictos y controversias entre poderes e instituciones existentes en Venezuela de una manera muy clara desde las pasadas elecciones a la Asamblea Nacional".

Asimismo, sostuvo que "la reconciliación es una tarea imprescindible" y "esencial". "Ahí están implicados los temas relativos a la amnistía, los indultos, a la reparación de las víctimas. Hay una comisión de la verdad puesta en marcha por el gobierno de Venezuela que puede ser el instrumento adecuado", agregó Zapatero. "Será un proceso largo, duro y difícil", concluyó. El Consejo Permanente tomó nota de la presentación.

Referencia: FNC-19829

XVI. PRESENTACIÓN DEL SECRETARIO GENERAL DE LA OEA ANTE EL CONSEJO PERMANENTE: APLICACIÓN DE LA CARTA DEMOCRÁTICA INTERAMERICANA

Washington DC, 23 de junio de 2016

Antes de comenzar, señor Presidente, quisiera rendir tributo a todos los actores que han hecho viable la paz en Colombia, en especial al Presidente Juan Manuel Santos y a los líderes de las FARC, pero también a todos los países garantes de este proceso.

Este es un paso trascendental para Colombia y nuestro hemisferio. Es una muestra de que el diálogo, cuando se orienta hacia resultados tangibles, puede brindar dividendos para todos.

Nuestra mayor virtud hoy será ser justos, ése es el trabajo de la OEA, ése es el principio que anima a la Organización. La justicia es la principal y la primera virtud de las organizaciones sociales como se ha dicho ya desde Platón.

La OEA tiene que saber hoy si su Carta Democrática es un instrumento fuerte para defender los principios de la democracia, o si es para los archivos de la Organización.

Ustedes, definitivamente, tienen la palabra.

Tenemos que ser justos porque de ello dependen las reglas básicas de nuestra convivencia. Debemos partir de la decisión que se tome hoy para ser responsables respecto a lo que entendemos que debemos hacer como miembros de las comunidades políticas, por lo que la dimensión social de la justicia como virtud es la mejor forma de construir convivencia y coexistencia.

Coexistencia entre nosotros, porque compartimos valores y principios de democracia, Derechos Humanos, desarrollo y seguridad. Nunca podemos vaciar de contenido esos principios. Nunca podremos dejar por el camino esos principios principistas.

La indiferencia, o solamente abarcar nuestro interés, es una forma de vaciamiento de contenidos. Debemos ser justos porque se los debemos a Venezuela y se lo debemos a la historia de nuestro continente que ha estado signada por actos de injusticia, de indolencia, y de impunidad.

Actos por los que todavía pagamos, heridas que todavía están abiertas, y que de muy poco a poco vamos empezando a cicatrizar con memoria, verdad y justicia, y no repetición.

Hace poco tuvimos que desandar por un acto de injusticia que fue cometido por la Asamblea General de la OEA en abril de 1965, con la validación de la invasión a República Dominicana.

Hoy podemos trabajar para que esa justicia emane naturalmente de nosotros. Tenemos por delante un trabajo importante, tenemos para adelante el hecho de concentrarnos y focalizarnos en el problema de fondo que Venezuela y los venezolanos enfrentan cotidianamente.

Cada uno de los problemas aquí expuestos procuran dar un marco de trabajo para este tema, pero con el mejor sentido, con el sentido más instructivo.

Nosotros nos hemos expresado –está escrito en la página 125 de nuestro informe- contra cualquier posibilidad de golpe de Estado en Venezuela contra un gobierno legítimo, o una intervención armada como las que ha denunciado la Canciller. Hemos sido muy claros al respecto. Y reafirmamos esos principios de una manera drástica y de una manera contundente.

Ustedes hoy decidirán. Estará en nosotros elegir el camino sobre la situación de los presos políticos en Venezuela, decidir si el pueblo de Venezuela puede recibir asistencia humanitaria a través de una canal internacional, si le damos la posibilidad al pueblo de Venezuela de elegir su destino, o se lo negamos. Si permitimos que los obstáculos administrativos previstos prevalezcan sobre la voluntad de a gente. Todo esto es responsabilidad nuestra.

Conforme al artículo 20 de la Carta Democrática Interamericana, y en pleno cumplimiento del derecho internacional y de las disposiciones de esta Organización, y en mi calidad de Secretario General solicito al Consejo Permanente que realice "una apreciación colectiva de la situación" en Venezuela y adopte "las decisiones que estime conveniente".

En este sentido, me permito presentarles las razones por las cuales estimo que existe una alteración del orden constitucional en ese país; una buena parte de la información que presentaré, ya con anterioridad la incluí en mi carta al Presidente del Consejo Permanente el 30 de mayo. Hoy presentaré un informe actualizado, dado el rápido deterioro de situaciones en Venezuela.

La defensa de la democracia es uno de los principales mandatos de la OEA y la base fundamental de las relaciones internacionales en las Américas.

Estos principios están claramente plasmados:

En la Carta de la Organización de los Estados Americanos,

En la Convención Americana sobre Derechos Humanos,

En la resolución de la Asamblea General 1080, "Democracia representativa",

Y en la Carta Democrática Interamericana que es la verdadera Constitución de las Américas.

Estos no son documentos que nos hayan sido impuestos.

Como Estados Miembros hemos elegido firmarlos, unirnos al consenso sobre los principios que definen quiénes somos, en qué creemos y cómo interactuamos con los otros.

Las libertades fundamentales, los derechos humanos y la democracia no existen sólo cuando es conveniente.

Si estamos comprometidos con la protección de los principios y la práctica de la democracia en el continente, debemos también estar dispuestos a actuar.

Nuestra obligación es señalar los problemas donde quiera que estén, en particular, cuando además existe una situación difícil.

Los temas que vamos a debatir hoy día están claramente delineados en la Carta Democrática Interamericana.

Es conforme a estas normas que consideramos que se ha alterado el orden democrático en Venezuela.

En el artículo 3 de la Carta se enumeran los elementos esenciales de la democracia:

El "respeto a los derechos humanos y libertades fundamentales; el acceso al poder y su ejercicio con sujeción al Estado de derecho; la celebración de elecciones periódicas, libres, justas, basadas en el sufragio universal y secreto [...]; el régimen plural de partidos y organizaciones políticas; y la separación e independencia de los poderes públicos".

En el artículo 4 se delinean los componentes esenciales para el ejercicio de la democracia:

"la transparencia de las actividades gubernamentales, la probidad, la responsabilidad de los Gobiernos en la gestión pública, el respeto por los derechos sociales, y la libertad de expresión y de prensa".

En mi informe del 30 de mayo se exponen claramente los argumentos al respecto y cómo esta situación afecta el orden constitucional en Venezuela.

Les pido que consideren las vidas, la salud, seguridad del pueblo venezolano a la luz de estos compromisos.

El Consejo Permanente debería también tomar medidas para atender a la crisis humanitaria sin precedentes e innecesaria que sufre Venezuela.

El Consejo debería expresarse claramente sobre los presos políticos y los informes persistentes de tortura.

El Consejo debería apoyar la voluntad del pueblo venezolano en su llamado a un revocatorio.

Es conforme a estos principios que debemos actuar o no.

Como decía Desmond Tutu: "si eres neutral en situaciones de injusticia, has elegido el lado del opresor".

La democracia es el gobierno del pueblo.

Aquellos que han elegido representar al pueblo, lo hacen para encauzar la voz de los ciudadanos en los procesos decisorios del Estado.

El Gobierno lo hace a través de la legitimidad que le ha conferido el pueblo, los ciudadanos.

Es un ejercicio público; una vocación de servicio para el bien común.

No es un negocio en donde las personas buscan un beneficio o el poder.

La ética política nos conmina a ser coherentes con nuestras palabras y nuestras acciones.

Es mucha la tensión entre la ética y la política como para ensalzar a los líderes sin abusar del poder que se les confiere.

Cuando los Gobiernos y los políticos no cumplen con estas normas vemos que los ciudadanos se frustran con sus líderes políticos.

Al perder la confianza en sus representantes electos, los ciudadanos buscarán que sus voces sean escuchadas.

Lo que hemos atestiguado es que no podemos ser solamente testigos de la pérdida del propósito moral y ético de la política.

Todo Gobierno debe defender el bien mayor, el bien colectivo. Eso es válido para Venezuela.

Venezuela tiene una de las más grandes reservas de petróleo del planeta, así como vastas tierras fértiles y una gran cantidad de recursos minerales.

El que debería ser uno de los países más ricos de la región se encuentra más bien enfrentando niveles de pobreza sin precedentes, una severa crisis humanitaria y uno de los más altos índices de delincuencia en el mundo. El enfrentamiento entre las ramas de Gobierno ha ocasionado el fracaso del sistema político y una ruptura del mismo, lo que a su vez ha agravado las condiciones económicas, sociales y humanitarias del país.

La inflación ha llegado a 720%.

El PIB disminuirá, de acuerdo a los pronósticos, un 8% más en 2016.

La deuda externa ha alcanzado los 130.000 millones de dólares; es decir, el equivalente de casi seis años de exportaciones de petróleo.

Venezuela ocupa el noveno lugar mundial con la peor tasa de desempleo.

El 73% de los hogares y el 76% de los venezolanos vivieron en la pobreza en el 2015.

Después de lo que fue el 12º aumento desde que el Gobierno fue electo en 2013, el salario mínimo equivale de acuerdo a la tasa oficial, a 24 dólares, esto es menos de un dólar por día.

La falla sistemática del tipo de cambio controlado ha ocasionado que la moneda haya perdido el 99% de su valor desde 2013.

Las empresas internacionales han cerrado sus puertas porque nadie puede pagar.

La población enfrenta una escasez de alimentos y medicamentos sin precedentes en todo el país.

Esta crisis está alcanzando un punto crucial.

Estos problemas no los causan fuerzas externas.

La situación que enfrenta Venezuela hoy día es el resultado de las acciones que han emprendido y siguen emprendiendo desde el poder.

Venezuela podría y debería ser uno de los países más prósperos e influyentes en la región.

Pero más bien es un Estado plagado de corrupción, pobreza y violencia.

La población sufre las consecuencias.

Es mucho más redituable para los negocios vender dólares subsidiados en el mercado negro que reabastecer los anaqueles de las tiendas. Esto lo paga el pueblo.

La escasez de alimentos e insumos alcanzó el 82,8% en enero de este año.

Desde 2003, más de 150 productos alimenticios han sido puestos en la lista de precios fijos que ha establecido unilateralmente el Poder Ejecutivo.

En principio, los aumentos en los precios iban a la par de la inflación.

Sin embargo, desde 2007 la brecha entre costos de producción y precios fijos ha crecido exponencialmente y, en consecuencia, muchos negocios han debido cerrar sus puertas.

A fin de responder a esta escasez creada, el Estado ha intervenido cada vez más en la producción de alimentos, incluyendo a través de la expropiación o nacionalización:

De productores de café, de ingenios azucareros, de productores de arroz y pasta, de Agriozlena, la principal compañía distribuidora de semillas, de Lácteos Los Andes, el principal productor de lácteos, de más de 10,000 hectáreas de ranchos ganaderos y lecheros, de por lo menos 5 productores de harina de maíz, de fabricantes de aceites, de la empresa Polar, la principal cadena de supermercados de Venezuela.

Esta escasez también ha dado lugar a una economía de mercado informal o "negro" de productos regulados. Eso, definitivamente es una responsabilidad directa.

Las comunidades más pobres fuera de la capital son las más afectadas.

El 87% de los venezolanos declaran que no tiene el suficiente dinero para comprar los alimentos que necesitan.

Se requerirían 16 salarios mínimos para alimentar debidamente a una familia.

Un cuarto de la población, un cuarto de la población, vive con menos de dos comidas al día.

La desnutrición afecta a los más vulnerables. Y las tasas de mortalidad infantil están aumentando a la par que los problemas de crecimiento entre los niños.

La falta de agua y electricidad se ha tornado común.

La única presa hidroeléctrica del país ha alcanzado niveles críticos, pues el agua apenas llega a cinco pies arriba del nivel en el que las turbinas simple y sencillamente dejarían de funcionar.

Ante esta falta de energía, las oficinas de Gobierno e instituciones públicas solo abren tres días a la semana.

La falta de insumos básicos y sustancias químicas, como el cloro para tratamiento de agua, ha dado lugar a un aumento de las enfermedades que se pueden transmitir -bacteriológicas, virus- por el agua.

El sistema de salud en Venezuela enfrenta serios problemas respecto a equipos, doctores, medicinas.

Los servicios médicos se encuentran debilitados por el deterioro de la infraestructura, la falta de mantenimiento y actualización de los recursos y equipo técnico, lo que agrava todavía más la escasez de medicinas e insumos.

Los pacientes que requieren tratamiento deben aportar todo: desde papel higiénico, jeringas, medicinas, hasta frazadas.

Cuando se les acaban estos insumos se interrumpe su tratamiento.

La inestabilidad ha dado lugar a la emigración en masa de profesionales de la salud. Incluso ha cerrado la mayoría de los hospitales cuyo personal era de origen cubano.

En enero de 2016, la Cámara de la Industria Farmacéutica reconoció una deuda de 6.000 millones de dólares con proveedores internacionales.

Las farmacias sólo pueden surtir 7 de cada 100 medicamentos solicitados.

El 27 de enero de 2016, la Asamblea Nacional de Venezuela declaró una emergencia nacional en el sistema de salud.

El 5 de abril de 2016, la Asamblea Nacional promulgó una ley para "atender la crisis humanitaria en salud".

Con esta legislación se permitiría al Gobierno venezolano buscar asistencia internacional para responder a la crisis de salud. El 9 de junio la Corte Suprema la declaró inconstitucional.

La situación ha pasado de ser desesperada. La violencia ha estado aumentando en las últimas semanas a medida que la escasez se hace intolerable.

Se han reportado más de 250 casos de saqueo en este año en todo el país. Los transportes de alimentos o bebidas fueron el blanco en el 81% de los casos de saqueo en sus rutas de distribución. El 19% restante ocurrió en centros comerciales y almacenes.

Los embarques de alimentos ahora van acompañados de guardias armados, leales al Ejecutivo, protegiendo así las limitadas raciones de ciudadanos hambrientos.

El martes pasado, mientras nos encontrábamos reunidos en la Asamblea General en República Dominicana; en Cumaná, más de 100 tiendas fueron saqueadas y destruidas, y se reportaron por lo menos 3 muertes.

En el estado de Trujillo, las manifestaciones ocurren todos los días pues la gente protesta por falta de servicios básicos del Gobierno.

Esto incluye la trágica muerte de una niña de cuatro años en un tiroteo afuera de un mercado en Guatire; son estas pérdidas irreparables del aumento de la violencia como consecuencia del aumento del desabastecimiento.

La falta completa de confianza en el aparato de seguridad estatal sirve de incentivo para que las comunidades tomen la justicia en sus manos.

La fiscalía ha abierto investigaciones en torno a 74 asesinatos presuntamente cometidos por tales grupos en los primeros cuatro meses de este año.

Los índices de violencia y delincuencia han alcanzado niveles históricos.

Las estadísticas oficiales del Gobierno, que no son publicadas con regularidad, indican que en 2015 ocurrieron 58,1 homicidios por cada 100,000 personas.

La sociedad civil cuenta 90 homicidios por cada 100,000 personas.

En 2015, el número de muertes violentas fue superior en Venezuela que el registrado en Afganistán, de acuerdo a cifras internacionales es el segundo país más violento del mundo.

El 66,7% de la población se siente muy insegura o en cierta forma insegura.

La escala de la victimización también ha aumentado drásticamente. En 2013, 54,2% de la población decía que ni ellos ni ningún familiar habían sido víctimas de un delito. En 2015, esa cifra bajó a 10,6%.

La penalización del Estado también es motivo de preocupación creciente.

Tres de cada cuatro venezolanos dijeron en una encuesta nacional que no creían que la policía podía protegerlos. Tres de cada cuatro.

La policía, la Guardia Nacional, los jueces, los fiscales y el personal carcelario están involucrados de manera tácita o expresa en temas de delincuencia organizada, incluso secuestros, asesinatos, robos o narcotráfico.

Las fuerzas paramilitares han sido acusadas de ejecuciones sumarias.

No hay datos oficiales sobre las personas que mueren a manos de las fuerzas de seguridad.

En los últimos cuatro años sí podemos decir que 1320 integrantes de fuerzas policiales y militares murieron; de ellos, 75% no estaban de servicio en el momento de su muerte.

Este año ya se han notificado más de 109 muertes de integrantes de fuerzas policiales y de seguridad. Es un estado perpetuo de lucha civil y violencia.

El colapso de una gestión de gobierno responsable y efectiva se ve exacerbado por la corrupción endémica que plaga al Gobierno.

Un estudio reciente de la Comisión Permanente de Contraloría de la Asamblea Nacional suscitó preocupación en torno a gastos del Gobierno, que ascienden a 69.000 millones de dólares que podrían estar involucrados en temas de corrupción.

Dos ex integrantes del gabinete del difunto presidente Hugo Chávez –con todos mis respetos- han presentado quejas por la desaparición de ingresos derivados del petróleo del orden de los 300.000 millones de dólares. Transparencia International clasifica a Venezuela en el lugar 158 entre 168 países evaluados en lo que se refiere a la corrupción. Esta es la posición más baja en el continente americano.

Los países que están por debajo, es decir, Somalia, Corea del Norte, Afganistán, Sudán e Iraq, son regímenes ilegítimos o países afectados, devastados por guerras prolongadas.

El Gobierno ha perdido la confianza del público, con 75% de los venezolanos, considerando que hay hoy corrupción generalizada.

Los derechos civiles y políticos son una clase de derechos que protegen las libertades individuales.

Garantizan la participación de las personas en los procesos de adopción de decisiones que las afectan, sin discriminación y sin represión.

El gobierno venezolano ha creado un esquema que incluye la persecución en contra de quienes expresan opiniones contrarias.

Hay prensa libre cuando la prensa realiza una sana cobertura de las noticias políticas, se garantiza la seguridad de los periodistas, y la prensa está protegida de presiones jurídicas o económicas indebidas.

En Venezuela, los medios de comunicación independientes son sujetos regularmente a procedimientos penales y administrativos, a la prohibición de viajar, a censura indirecta y al acoso.

Los persiguen por publicar noticias o artículos con una óptica crítica.

Disposiciones poco precisas relacionadas con la "incitación al odio", la "intolerancia" o la "incitación a la violencia" que se han usado de manera discrecional para iniciar procedimientos administrativos contra medios de comunicación que cuestionan o impugnan acciones de Gobierno, lo cual crea un ambiente de autocensura.

Las licencias de difusión están controladas por medio de un proceso opaco y discrecional, y con frecuencia se las suspende o no se las renueva.

Se controla el acceso al papel periódico.

Se acusa a empresarios supuestamente vinculados al Gobierno de comprar medios de comunicación, dándole a la cobertura periodística un tono favorable al Gobierno.

En 2013, cuando el Presidente Nicolás Maduro asumió el cargo, según el Foro Penal Venezolano había 11 presos políticos.

Entre enero de 2014 y el 31 de mayo de 2016 se denunciaron al Foro 4253 detenciones, arrestos o encarcelamientos.

Todos ellos vinculados a diversas protestas y críticas contra el Gobierno de Venezuela.

Actualmente hay 1986 personas a quienes se les aplican medidas restrictivas. Otras 94 están en la cárcel.

Son Leopoldo López y Antonio Ledezma; los que están en la tumba, entre otros.

También son las personas utilizadas para hacer propaganda. Ese es el caso de Manny, un hombre de 54 años, con dos hijos. También era Director General de la cadena de supermercados Día Día.

Este domingo pasado, Francisco Márquez Lara y Gabriel San Miguel fueron detenidos arbitrariamente por la Guardia Nacional mientras viajaban al Estado de Portuguesa para apoyar el proceso de referendo revocatorio.

Han sido interrogados extensivamente por la policía y por el servicio de inteligencia, sin la presencia de sus abogados.

El Grupo de Trabajo de las Naciones Unidas sobre la Detención Arbitraria ha encontrado más de 300 casos de detención arbitraria en Venezuela.

Desde 2014 se han denunciado al Foro Penal Venezolano 145 casos de castigo cruel e inhumano, incluida la tortura.

La función misma del Gobierno se ha incumplido.

La separación de poderes es uno de los elementos más fundamentales de una democracia.

Los poderes legislativo, ejecutivo y judicial tienen cada uno su propio conjunto de responsabilidades y atribuciones, para prevenir la concentración del poder y disponer de mecanismos de control y equilibrio.

En Venezuela hemos sido testigos de un esfuerzo constante por parte de los poderes ejecutivo y judicial para desconocer e incluso invalidar el funcionamiento normal de la Asamblea Nacional.

El ejecutivo repetidamente ha empleado intervenciones inconstitucionales en contra de la legislatura, con la connivencia de la Sala Constitucional del Tribunal Supremo de Justicia.

Después de los comicios del 6 de diciembre y antes de la instalación del período de sesiones de la nueva legislatura, 13 de los 32 magistrados y 21 suplentes del Tribunal Supremo prestaron juramento mediante nombramientos partidistas.

Desde el 6 de diciembre hasta la fecha 13 titulares y 21 suplentes.

Como resultado, una cadena de decisiones posteriores del Tribunal Supremo ha adoptado un modelo de bloquear cada una de las leyes promulgadas por la Asamblea Nacional.

Estas resoluciones han incluido una serie de decisiones para impedir que tres diputados ocupen sus escaños y así reducir la mayoría calificada de la oposición a una mayoría simple.

Invalidando la legislatura, el Tribunal Supremo aprobó dos decretos ejecutivos que declararon un estado de emergencia y un estado de emergencia económica, lo que concentró el poder aún más y estableció límites arbitrarios a la autoridad de la legislatura sobre los contratos públicos, los altos funcionarios y el presupuesto.

Estos decretos ejecutivos también se han prorrogado dos veces.

Por último, el Tribunal Supremo expidió un fallo oficial el 14 de junio para restringir las facultades de la Asamblea Nacional, pues afirma que se está extralimitando al pretender usurpar funciones del Ejecutivo.

Se ha disparado el activismo del Tribunal Supremo desde febrero a marzo de 2016, comparado con el 2015, al pasar de dos casos a 252.

Entre el 5 de enero y el 24 de mayo se registraron nueve apelaciones. Todas las decisiones se han dispuesto a favor del poder ejecutivo.

Estos ejemplos demuestran claramente la falta de independencia del poder judicial.

El sistema de la democracia ha fracasado y el poder judicial ha sido cooptado en la gran mayoría de sus decisiones.

Más del 60% de los jueces de los tribunales de primera instancia pueden ser destituidos de sus cargos, sin el debido proceso, si una comisión del Tribunal Supremo así lo decide.

La provisionalidad y la temporalidad de jueces y fiscales debilita aún más la independencia judicial y las posibilidades de imparcialidad.

A su vez, la falta misma de credibilidad en el poder judicial desalienta a los candidatos calificados de intentar obtener puestos en la judicatura.

La falta de independencia del poder judicial socava el acceso de los ciudadanos a la justicia.

En una encuesta reciente, solamente el 31% de las personas que respondieron tener confianza en su sistema nacional de justicia.

La legitimidad de un Gobierno requiere la confianza de su ciudadanía.

En 1999, el entonces Presidente Hugo Chávez consagró la figura del referendo revocatorio en la Constitución de Venezuela como un vehículo para asegurar la "democracia participativa y protagonista".

Este proceso está previsto en la Constitución.

En Venezuela, todos los cargos y magistraturas de elección popular son revocables.

El artículo 72 señala que se puede convocar a un referendo revocatorio "transcurrida la mitad del período para el cual fue elegido el funcionario o funcionaria".

Si el referendo da como resultado la revocación del Presidente durante los primeros cuatro años, entonces "se procederá a una nueva elección universal y directa dentro de los treinta días consecutivos siguientes".

Si el plebiscito se llevara a cabo después de los primeros cuatro años, el Vicepresidente Ejecutivo asumirá la presidencia durante el período restante.

Debido a la falta de claridad en el proceso, incluso es imposible confirmar estas fechas.

Para activar el proceso revocatorio se requieren las firmas del 1% de los electores que soliciten un referendo. Luego esa activación tiene que ser apoyada por al menos por el 20%.

Si la Junta Nacional Electoral puede verificar los resultados, el Consejo Nacional Electoral convoca el referendo.

Para revocar el mandato presidencial la tasa de participación electoral debe ser superior al 25%.

Nadie está por encima de la Constitución.

Se han expresado numerosas quejas sobre intentos deliberados de demorar activamente el proceso, incluso esto último de la verificación de firmas, aparte de lo que está contenido en el informe, entre ellas:

Demoras en la entrega de las planillas requeridas para reunir el 1% de firmas; retrasos en la verificación y validación del 1% de firmas; creación de cuatro requisitos nuevos de digitalización, verificación, transcripción y auditoría, y amenazas de difundir públicamente los nombres de quienes firmen en favor del referendo.

La coalición de la oposición ha presentado más de diez veces la cantidad necesarias. El proceso de validación recién se inició esta semana.

Adicionalmente, cuatro de los cinco miembros del Consejo Nacional Electoral (CNE) pertenecen al partido de gobierno.

Hay disposiciones claras, que no han sido cumplidas, incluso la cantidad de máquinas que deben estar a disposición de los ciudadanos para las firmas. Esa disposición, definitivamente ha sido violada y la cantidad de máquinas es cinco veces menor que la que debería existir.

El objetivo hoy no es castigar ni sancionar a Venezuela.

Estamos aquí para apoyar a un Estado miembro y ayudarlo a volver al camino de la democracia – en ese sentido apoyo la idea de que se constituya un grupo de países amigos de la OEA.

Así pues, hoy les solicito a ustedes, miembros del Consejo Permanente, que consideren las recomendaciones que les he planteado:

Que se lleve a cabo antes del final de 2016 el referendo revocatorio, que aún en el cumplimiento del plazo máximo después de la recolección de firmas en 90 días, darían los plazos para que se realizara en este año.

Que se libere de inmediato a todos los presos políticos y detenciones arbitrarias.

Que los poderes ejecutivo y legislativo del Gobierno venezolano hagan a un lado sus diferencias y empiecen a trabajar juntos de inmediato para responder a la crisis humanitaria.

Que todos los poderes del Gobierno trabajen juntos para recuperar la estabilidad y seguridad en el país.

Que el poder ejecutivo cese de inmediato sus esfuerzos para socavar a la Asamblea Nacional elegida democráticamente y que se implementen y apliquen todas las leyes que han sido aprobadas por la Asamblea Nacional.

Que se nombre a un nuevo Tribunal Supremo de Justicia a través de un proceso transparente acordado conjuntamente por los poderes ejecutivo y legislativo.

Que se establezca un ente independiente para combatir la corrupción, que puede estar compuesto por expertos internacionales, facultado para hacer frente a la situación financiera en Venezuela.

Por último, ofrecemos apoyo técnico a la Comisión de la Verdad y se asegure la representación del Alto Comisionado de las Naciones Unidas para los Derechos Humanos.

La democracia requiere diálogo. Para que este diálogo sea eficaz, debe ir acompañado de acciones.

La democracia no tiene nacionalidad. La democracia es más que una elección, es libertad.

Libertad de expresión, de asociación, de reunión. Es una ciudadanía empoderada. Una judicatura independiente.

Una estructura de seguridad que tenga la confianza de la gente, del pueblo y que le rinda cuentas. Es el ejercicio legítimo del poder dentro del Estado de derecho.

Los Gobiernos democráticos tienen una responsabilidad hacia sus ciudadanos.

El ofrecimiento que se realizara de un Grupo de amigos los estimamos sumamente conveniente, y consideramos un extraordinario primer paso para acercar a la OEA a las soluciones que demanda la comunidad internacional.

Agradezco especialmente la atención de todos ustedes en el día de hoy.

Gracias señor Presidente, he hecho esto lo más breve y compacto posible atendiendo su solicitud. Obviamente que ha quedado muchísima más información para poner a disposición de los países.

Gracias señor Presidente.

Referencia: D-011/16

XVII. CARTA DEL ALCALDE METROPOLITANO DE CARACAS

Caracas, 6 de julio de 2016

Dr. Asdrúbal Aguiar
Director Ejecutivo de IDEA
Iniciativa Democrática de España y las Américas
Presente.

Estimado Dr. Aguiar

Para su información y con el ruego de trasladar el contenido de esta misiva a los 36 Ex Jefes de Estado y de Gobierno firmantes de las distintas declaraciones sobre Venezuela patrocinadas por IDEA, encontrará en la misma los razonamientos y recomendaciones que mi esposo Antonio Ledezma, Alcalde Metropolitano de Caracas y preso político, le ha formulado a la dirección política de la Unidad; ello con la finalidad de propiciar una estrategia coherente y adecuada que permita sacar a Venezuela de la inocultable crisis que hoy padecemos todos sus habitantes.

Como es de su conocimiento, la ciudadanía acaba de protagonizar un esfuerzo titánico para activar la convocatoria de un Referéndum Constitucional, tal cual como está previsto, en calidad de derecho a la participación, en el artículo 72 de nuestra Carta Magna.

Una vez cumplido el requerimiento del 1% de las firmas, lo que corresponde a la dirección política de la MUD es redefinir hacia dónde vamos y cómo lo haremos. Ya se sabe que nuestro rumbo apunta a la realización efectiva del Referéndum Revocatorio. No obstante, debemos tener conciencia clara de que este régimen hace todo lo inverosímil para impedirlo -por lo menos a que se realice durante el curso del presente año- como es lo que corresponde y para lo cual luchamos heroicamente en la histórica jornada de validación de firmas.

Es nuestro deseo reiterar por su intermedio nuestra palabra de agradecimiento a todos los ex presidentes que forman parte de IDEA, quienes oportunamente, con un probado sentido de responsabilidad e insobornable lealtad a los principios democráticos, han manifestado repetidamente su preocupación por la situación de inestabilidad política y, muy en especial, por las continuas violaciones al orden constitucional que tienen lugar en nuestro país. Mención especial merece la solidaridad de los expresidentes con todos los presos políticos venezolanos.

A continuación, le resumo las recomendaciones de Antonio, quien a su vez estima que la Unidad debe proponerse cumplir estos objetivos:

1.- Lo prioritario es asegurarnos que el CNE o Consejo Nacional Electoral emita la certificación de las firmas verificadas en el proceso de validación ante sus funcionarios. Cuando se respete ese derecho ciudadano a realizar democráticamente el referendo revocatorio – sin obstáculos como los actuales, obra exclusiva de la arbitrariedad - se podrán abrir las puertas a la vía del dialogo, nunca antes, por tratarse de un derecho humano y político no negociable y constitucionalmente establecido.

Hasta la fecha lo que hemos escuchado son burlas y sarcasmos de parte del oficialismo. El dialogo no puede ser un simulacro que satisfaga la intención del gobierno de hacernos aparecer rendidos y claudicando con el revocatorio este año. Los actuales mediadores o facilitadores de dicho diálogo, para que adquieran legitimidad ante el país, que es lo que importa, deben incorporar a otros expresidentes del grupo de amigos de la democracia venezolana, que son líderes respetables y un amplio grupo, políticamente plural, de donde se pueden seleccionar a otros intermediaros confiables para la oposición.

2.- La integración de un amplio comando de campaña que incorpore a todos los factores de Venezuela en pos del cumplimento de los ciclos que faltan por ejecutar para la realización del Referéndum Revocatorio este año, es otra exigencia prioritaria.

3.- La necesidad de prever y atender todas las argucias que maliciosamente pretende aplicar el régimen desde el

CNE, para boicotear la realización de las nuevas etapas del referéndum revocatorio, es indispensable. Es el caso de las normas sobrevenidas e insospechadas por su truculencia, a cada instante dentro de éste régimen de alcabalas que desconoce la primacía de un sagrado derecho constitucional y su ejercicio. Lo que acabamos de padecer con el invento del 1% rebanado por cada entidad federal es un tributo pagado para saber a qué atenernos.

4.- Es fundamental informar cuanto antes a todo el país y a la comunidad internacional, de un modo preciso y sin adornos coloquiales, sobre la visión de la Mesa de la Unidad Democrática (MUD) respecto de:

a) El Diálogo

b) Sobre los mediadores y su ampliación

c) Acerca de la agenda

d) En cuanto al límite temporal del diálogo

e) El lugar adecuado para los encuentros, sea la sede de la misma Asamblea Nacional o de la OEA, pero preferentemente Venezuela por tratarse un tema a resolver entre venezolanos

Hay mucho secretismo con el "famoso" dialogo, no se sabe que es lo que pasa, se dicen muchas cosas que levantan suspicacias. Antonio exige que se diga la verdad sobre qué es lo que está sucediendo, es preciso que se aclaren los pasos que se dan, porque a veces se llega a pensar que hay movimientos entre penumbras que dejan ver dobles perfiles que le hacen daño a nuestra lucha democrática y en unidad.

Es evidente la parcialización del expresidente Ernesto Samper, actual Secretario de la UNASUR, tanto como existe una percepción de la opinión pública – sin que existan aclaratorias - sobre las relaciones de los exmandatarios José Luis Rodríguez Zapatero, Leonel Fernández, y Martín Torrijos, con el gobierno venezolano. Tanto es así que el lugar donde nos sorprendió a los venezolanos el amago inicial de dialogo, negado a la transparencia de comportamiento a que estamos obligados todos los líderes democráticos y de la Unidad, a saber, República Dominicana, luce de entrada como "una cancha demarcada según el juego que le interesa y conviene al oficialismo".

Recordemos lo que ocurrió después del "dialogo" que promovió el gobierno el pasado 10 de abril de 2014. Entre otras cosas, vale la pena evocar las reflexiones de Monseñor Diego Padrón, Arzobispo de Cumaná y Presidente de la Conferencia Episcopal Venezolana, cuando dijo, entonces, "quedó claro que el régimen buscaba desmovilizar al pueblo". Y fue así, desde aquel episodio hay más presos, más represión militar, policial y de los colectivos paramilitares al servicio de régimen, y se ha profundizado la actual crisis política, económica y social.

Tengamos presentes, me pide Antonio decírselos, el viejo proverbio: "si me engañas la primera vez la culpa es tuya, si me engañas la segunda vez, la culpa es mía".

La opinión de Antonio es que siendo el Referéndum Revocatorio un derecho e instrumento reconocido y legitimado por la Constitución Nacional, además ya en pleno desarrollo, cualquier discusión en torno a él sólo debe ser para limpiar la ruta de obstáculos y asegurar la fecha de su realización definitiva, antes de diciembre de este año 2016.

5.- También es fundamental seguir en la lucha para que el gobierno le abra las puertas, con generosidad y sin complejos ideológicos, a un canal de apoyo humanitario a los venezolanos, coordinado por la ONU y dentro del país por los movimientos religiosos y ONG's que cumplen tareas de asistencia social, capaces de llegar a todos los rincones de Venezuela con alimentos y medicinas.

6.- Igualmente es esencial exigir el respeto integral de la Carta Magna, pues es grotesca la forma sostenida y continuada como se altera el orden constitucional en Venezuela, sobre todo en lo atinente al principio de separación de poderes y la recurrente como sistemática violación de Derechos Humanos. Ya es hora de que el gobierno de Nicolás Maduro y los demás poderes bajo su control acaten la soberanía popular y respeten a los electores del estado Amazonas cuyos diputados han sido desconocidos, manteniéndose a dicho Estado sin representación en la Asamblea Nacional. De igual manera, es una demanda legítima y no transable la promulgación de las leyes pendientes, incluso las desconocidas por la Sala Constitucional del Tribunal Supremo de Justicia al margen del propio orden constitucional por el que ella debe velar en cuanto a su cumplimiento, como la Ley de Amnistía y Reconciliación Nacional, obstaculizadas indiscriminadamente por el régimen.

7.- La Fuerza Armada Nacional, por último, debe ser librada de injerencias extranjerizantes y depurada de las consignas partidistas para ensalzar a individualidades, sabiendo que, según la Constitución, en lo particular su artículo 328, ella se debe a todos los venezolanos y en ningún caso a personalidad política alguna. No solo es indispensable un verdadero desarme de los grupos violentos, sino también garantizar el justo uso de las armas que institucionalmente se les confían a los servidores públicos.

Finalmente, confiando en las gestiones que se hacen desde los organismos internacionales para resguardar los derechos humanos de los venezolanos y alcanzar la cesación de las graves alteraciones que sufre nuestra democracia, especialmente las que se hacen desde el seno de la OEA y por su Secretario General, Dr. Luis Almagro, quien ha sabido asumir cabalmente su responsabilidad, ceñido a los trámites pautados al efecto por la Carta Democrática Interamericana, se despide de Ud., con el afecto y amistad de siempre; en nombre de mi esposo, Antonio Ledezma.

Mitzy Capriles de Ledezma

Defensora de Derechos Humanos

XVIII. NUESTRA RESPUESTA A LA CRISIS

Caracas, 7 de julio de 2016

La oposición venezolana recibe las provocadoras acciones producidas en las últimas horas por el Gobierno Nacional como la constatación de su falsa e insincera disposición a dialogar con mediación internacional.

El país y el mundo pueden constatar esta realidad con lo declarado por el presidente Maduro, con la sobrevenida sentencia, que pretende limitar la asistencia jurídica especializada para la Asamblea Nacional, y con la reincidente actitud de hostigamiento hacia los presos políticos de las últimas horas. Calcula el gobierno que la MUD incurrirá en la tentación de facilitarle su huida de un proceso de diálogo con presencia de la comunidad internacional ampliada, asignando a los demócratas venezolanos esa responsabilidad. Pierde su tiempo el Gobierno si cree que puede definir la agenda política de la oposición. Nuestra decisión de alcanzar una salida democrática, pacífica, constitucional y electoral no ha cambiado ni cambiará. Por ello, mediante la presente Declaración, dejamos reiterado ante el país y ante el mundo, nuestra nítida hoja de ruta.

Esperamos que los facilitadores internacionales hagan lo que les corresponde para contribuir a la recuperación de los cauces democráticos, que una vez más el Gobierno se empeña en destruir.

La MUD, ante la grave crisis humanitaria que el país nacional padece y la necesidad de buscar soluciones al sufrimiento de nuestro pueblo venezolano, que actualmente está padeciendo la falta de medicamentos que en muchas ocasiones son vitales, la carencia de alimentos y la grave crisis social y económica, tiene la imperiosa necesidad de abrir un canal humanitario que alivie la grave coyuntura social.

Entendiendo, además, la necesidad de alcanzar la reinstitucionalización de Venezuela, y atendiendo al llamado de la comunidad internacional la OEA, UNASUR, Mercosur, el G7, su santidad el Papa sobre la necesidad de un diálogo efectivo, la MUD, tras un intenso debate, ha trasladado a los mediadores requisitos que considera absolutamente necesarios para un inicio efectivo y positivo del diálogo, decide lo siguiente:

1. Es necesario ampliar la mediación. Consideramos fundamental la participación de un representante de la Santa Sede y/o, la incorporación de más expresidentes. Tal y como se recoge en resoluciones de la OEA, dicha organización puede también sumarse a esta iniciativa de diálogo a través del grupo de ami-

gos de Venezuela, cualquiera de las ampliaciones mencionadas u otra iniciativa que se acuerde.

2. La MUD considera esencial que el lugar de las reuniones sea una nueva propuesta pactada que deberá concretar la mediación. Todo nuestro respeto para República Dominicana pero ha de ser otro u otros lugares donde se produzca el diálogo.

3. La MUD reitera que no tolerará ningún ardid para que no se vayan cumpliendo los trámites del revocatorio y así exigen las oportunas garantías a los mediadores. Para ello es fundamental que se pueda contar con un cronograma público, en el marco de nuestros esfuerzos para que este tenga lugar en 2016.

4. La MUD ha trasladado a los mediadores la insostenible situación de las nuevas detenciones ilegítimas desde la llegada de los expresidentes el 19 de mayo, y exige su liberación inmediata.

5. De igual forma la MUD ha reiterado que sin respeto a la Asamblea Nacional no habrá posibilidad de diálogo real.

Este es el marco claro que la MUD establece para el diálogo.

Esperamos pues que los mediadores propongan lugar y fecha para la primera reunión y al propio tiempo sean garantes del esfuerzo para alcanzar las condiciones aquí establecidas, para que podamos llevar a cabo un diálogo útil, serio y efectivo, que permita resolver la profunda crisis que vive nuestro país.

La MUD está dispuesta a la primera reunión del diálogo nacional a partir del día 12 de julio. Así lo ha trasladado a los expresidentes y mediadores.

Por la Mesa de la Unidad Democrática,

LA SECRETARÍA EJECUTIVA

XIX. PALABRAS DEL PRESIDENTE DE LA CONFERENCIA EPISCOPAL VENEZOLANA, MONS. DIEGO PADRÓN, ARZOBISPO DE CUMANÁ, EN LA APERTURA DE LA CENTÉSIMA SEXTA ASAMBLEA ORDINARIA PLENARIA

Caracas, 7 de Julio de 2016.

Al iniciar hoy la CVI Asamblea Ordinaria Plenaria de la Conferencia Episcopal Venezolana nuestros pensamientos y nuestros corazones de pastores del pueblo de Dios se elevan al Padre de la misericordia y Dios de todo consuelo que nos conforta en todos nuestros sufrimientos, para poder nosotros dar a los que sufren el mismo consuelo que recibimos de Dios (2 Co 1, 3-4)

Mi saludo fraterno y cordial al Sr. Cardenal Jorge Urosa Savino, Arzobispo de Caracas y Presidente de Honor de nuestra Conferencia, Al Excmo. Mons. Aldo Giordano, Nuncio Apostólico en Venezuela, y por su digna representación al querido Papa Francisco; A los apreciados hermanos Arzobispos y Obispos de Venezuela.

Saludo de manera especial y doy la bienvenida a este Colegio episcopal a los Excmos. Sres. Obispos recién ordenados: Mons. Jonny Reyes, Vicario Apostólico de Puerto Ayacucho, Mons. Pablo Modesto González, Obispo de la nueva Diócesis de Guasdualito, Mons. Víctor Hugo Basabe, Obispo de San Felipe, y Mons. Polito Rodríguez Méndez, Obispo de San Carlos. Saludo y doy la más cordial bienvenida a los Obispos Electos Mons. Enrique Parravano, Obispo Auxiliar de Caracas y Mons. Carlos Cabezas Mendoza, de la Diócesis de Punto Fijo. Todos ellos participan por primera vez con voz y voto en la Asamblea episcopal. Con afecto y veneración saludo a los hermanos Obispos Eméritos.

Un especial saludo y sincero agradecimiento al Rvdo. Padre Francisco José Virtuoso, Rector de esta ilustre Universidad, que nos acoge en esta y otras ocasiones.

Mi saludo y agradecimiento por su presencia, a los Superiores y Superioras Mayores representantes de la Conferencia de Religiosos y Religiosas de Venezuela (CONVER), al Presidente y demás miembros de la Junta Directiva del Consejo Nacional de Laicos (CONALAI), a la Presidenta y demás miembros de la Junta Directiva de la Asociación de Educadores Católicos (AVEC), al Gerente General de INPRECLERO, al Gerente General y demás miembros de la Junta Directiva de APEP.

Saludo y doy la más cordial bienvenida a los nuevos Subsecretarios de la Conferencia Episcopal de Venezuela, los Presbíteros Rivelino Antonio Cáceres, de la Diócesis de Barinas, y Gerardo Salas Arjona, de la Arquidiócesis de Mérida. Saludo igualmente al Equipo de Directores del Secretariado Permanente del Episcopado Venezolano (SPEV), a los sacerdotes Secretarios de Actas de esta Asamblea y al personal de empleados y obreros del Secretariado y de la Casa "Mons. Ibarra". A todos ellos el reconocimiento en nombre de todos los hermanos Obispos.

A los representantes de los Medios de Comunicación Social, el saludo cordial y el sincero agradecimiento por su atención a esta Conferencia Episcopal, a lo largo de todo el año. Señoras y Señores.

PANORAMA ECLESIAL

A pesar de los problemas de toda índole que agobian a todos los que vivimos en este país, la Iglesia en Venezuela, como institución, goza de buena salud espiritual. La asamblea comienza con nueva fuerza del Espíritu. Está precedida por el encuentro de los diecisiete obispos de nuevo nombramiento, en el que durante tres días reflexionaron sobre su vocación y ministerio en las circunstancias actuales de la Iglesia y de la nación.

Por otra parte, el Jubileo de la misericordia se está viviendo con una sobria espiritualidad, en la línea de la conversión personal, pero con fervorosa participación, creatividad litúrgica y sentido de solidaridad en cada diócesis, parroquias y comunidades, y entre los diversos sectores de la Iglesia, Presbíteros, Religiosos y Religiosas, Movimientos laicales de apostolado, agentes de pastoral y fieles cristianos.

Ha venido en nuestra ayuda la reciente Exhortación postsinodal *Amoris Laetitia* (La alegría del amor) del Papa Francisco. Va siendo leída, estudiada y asimilada paulatinamente por los sacerdotes, los agentes de la Pastoral familiar, movimientos apostólicos e incluso por familias individuales y laicos más comprometidos. Este documento ofrece una visión integral de la familia, fruto de una larga reflexión de toda la Iglesia, expuesta desde los ángulos culturales y sociales más diversos, pero sistematizada en los dos últimos Sínodos de la Iglesia. Es una visión que se fundamenta en la palabra de Dios y en la tradición multisecular de la Iglesia, pero también en la realidad concreta de la situación familiar en cada continente. <<El camino sinodal –escribe el Papa en la introducción a la Exhortación- permitió poner sobre la mesa la situación de las familias en el mundo actual, ampliar nuestra mirada y reavivar nuestra conciencia sobre la importancia del matrimonio y la familia>>.

El mismo Santo Padre, con sabia pedagogía da como una clave que ayuda a leer el documento. Advierte con claridad: Esta Exhortación aborda, con diferentes estilos, muchos y variados temas. Eso explica su inevitable extensión. Por eso no recomiendo una lectura general apresurada. Podrá ser mejor aprovechada, tanto por las familias como por los agentes de pastoral familiar, si la profundizan pacientemente parte por parte o se buscan en ella lo que puedan necesitar en cada circunstancia concreta.

La Exhortación se compone de nueve capítulos. El Papa añade: Es probable, por ejemplo, que los matrimonios se identifiquen con los capítulos cuarto y quinto, que los agentes de pastoral tengan especial interés en el capítulo sexto, y que todos se vean muy interpelados por el capítulo octavo. Espero que cada uno a través de la lectura, se sienta llamado a cuidar con amor la vida de las familias, porque ellas << no son un problema, sino principalmente una oportunidad >>

En otras palabras, no es que la Exhortación tenga un capítulo más importante que otro sino, que todos constituyen un todo orgánico y plural como el cuerpo humano.

Francisco sitúa la Exhortación en el contexto del año jubilar de la Misericordia en el que adquiere un sentido especial. En primer lugar, porque el Papa la escribe como << propuesta para las familias cristianas, que las estimule a valorar los dones del matrimonio y la familia. En segundo lugar, porque procura alentar a todos para que sean signos de misericordia y cercanía allí 5 donde la vida familiar no se realiza perfectamente o no se desarrolla con paz y gozo>>

Aunque *Amoris Laetitia*, la Alegría del Amor, es una propuesta del Evangelio de la familia, no se limita a los católicos, sino que en ella cualquiera que busque descubrir la verdad y la belleza de la institución familiar podrá encontrar una respuesta amplia, sería profunda y realista a la complejidad de la vida familiar moderna. No es un texto teórico desconectado de los problemas reales de la gente.

El Papa, con toda la Iglesia, proclama y reafirma sin ambages que el matrimonio es la unión de un hombre y una mujer.

Las uniones entre las personas del mismo sexo no se pueden equiparar al matrimonio cristiano.

La Exhortación rechaza la ideología de género como un pensamiento cerrado que defiende las diferencias entre el hombre y la mujer no son naturales sino resultado de una convención social, construcciones meramente culturales según los roles que cada sociedad asigna a los sexos. Una de sus consignas fundamentales es que << el hombre y la mujer no nacen sino que se hacen >>. En consecuencia, la homosexualidad es algo normal por lo cual no solo debe respetarse sino defenderse, protegerse y hasta privilegiarse. Es inquietante dice el Papa – que algunas ideologías de este tipo, que pretenden responder a ciertas aspiraciones, a veces comprensibles, procuren imponerse como un pensamiento único que determine incluso la educación de los niños.

Sobre esta difícil problemática oportunamente a través de las comisiones de Fe y Doctrina y de Familia.

La Exhortación es un documento Pastoral en el que destaca el reconocimiento a los diferentes esfuerzos, muchas veces erróneos o incompletos, por formar una familia estable, integrada por un padre, una madre y sus hijos. Aquí entra de lleno la orientación amplia y motivadora del capítulo VIII que lleva por título: ACOMPAÑAR, DISCERNIR E INTEGRAR LA FRAGILIDAD. Es aquí, en las situaciones familiares difíciles, donde los pastores hemos de conjugar en todas sus formas el verbo acompañar. << Nadie – dice el Papa- puede ser condenado para siempre, porque esa no es la lógica del Evangelio>>. Y continua: <<No me refiero sólo a los divorciados en nueva unión sino a todos, en cualquier situación en que se encuentren>> (277). El Papa, consecuentemente, hace mención de la <<Lógica pastoral de la misericordia>> (308).

Desde otro punto de vista, Francisco hace un llamado a una preparación más prolongada, mediante <<una suerte de iniciación>> al sacramento del matrimonio y pide que la preparación inmediata no se concentre exclusivamente en los preparativos de la celebración social.

En Venezuela es urgente y obligatorio, dada la crisis económica, reducir los gastos en la celebración de la boda. Hay familias que por esos gastos de sus hijos quedan al borde de la quiebra o de la ruina. Es también nuestro deber pastoral orientar a Los novios o contrayentes y ayudarlos a entender que es más importante la preparación humana y espiritual que la mera celebración social. 7

PANORAMA NACIONAL

No me detendré a describir la situación del país, porque hoy constituyen una rara excepción los venezolanos que no sufren una dura realidad. A más de que el sistema que nos gobierna ya está agotado, los actuales gobernantes manifiestan incapacidad para solucionar los urgentes problemas del país.

Se observa claramente que los intereses del gobierno no son los intereses del país, de sus gentes y sus instituciones. La ingobernabilidad, aparte de la brutal represión, y la carencia de respuestas serias y estables, que superen la improvisación y la provisionalidad, provocan la percepción generalizada de que la crisis global se agudiza y se prolonga sin límites. Percepción que genera al mismo tiempo incertidumbre, desesperanza, depresión rabia y violencia social. Las ciudades de Cumaná y Tucupita, entre otras, han experimentado los efectos de las políticas económicas y sociales equivocadas y la indolencia de las autoridades. Pareciera que una nueva edición del <<caracazo>> se realiza por capítulos.

Un gobierno que no ha podido derrotar <la guerra económica> y dar alimentos y medicinas al pueblo, aún más, negado a permitir que instituciones religiosas o sociales presten su concurso para aliviar las penurias y dolencias del pueblo, carece de autoridad moral para llamar al diálogo y a la paz.

Un gobierno que durante diecisiete años y no ha podido, a pesar de todos sus recursos, controlar y dominar la delincuencia no está en condiciones de asegurar tranquilidad y paz a los ciudadanos. La sola represión, como la Operación de Liberación del Pueblo (OLP) no es el camino que nos conducirá a la paz.

El diálogo, del cual habla el gobierno, comienza por el reconocimiento de la gravedad de la situación en todos los órdenes y la manifestación de la voluntad mediante signos visibles, de querer cambiar positivamente o transformar la situación. El incremento del poder militar no solucionará los problemas éticos y sociales. **Un diálogo político sin metas precisas, sin fases definidas y sin resultados previstos es inútil.**

La locura del poder y la permanencia en el poder no justifican cualquier acción ni cualquier política. Estamos los venezolanos ante una disyuntiva moral, pues no podemos admitir ni permitir que la vida humana ceda el puesto a la divinización de la ideología. Cuando se da una situación así, hay que recurrir al poder originario que está en el pueblo. Consultarlo y acatar su decisión es un imperativo moral que no puede ser soslayado por ninguna autoridad. El Referéndum Revocatorio comenzó prácticamente el 6 de diciembre.

Las inquietudes de la población venezolana son compartidas en estos momentos por muchas instancias nacionales e internacionales. En un mundo globalizado no podemos declararnos ajenos a ellas, aduciendo soberanía e independencia. Es una verdad ética que la democracia en Venezuela está resquebrajada, y quienes tienen la obligación de oír y concertar con todos los sectores no lo están haciendo. Tampoco se puede dialogar si no se reconoce en primer lugar la existencia y paridad del otro. Ignorarlo o eliminarlo agrava más la situación.

Los Obispos no somos ni oficialistas ni opositores per se. En nombre del mandato divino de pastorear a todos, a los unos ya los otros, hacemos un llamado para evitar que se siga deteriorando la vida del venezolano y caigamos en una espiral de odio y muerte, cuando existen mecanismos pacíficos y constitucionales que ofrecen una salida legítima a la crisis. Nosotros no somos profetas del desastre. Somos pastores y profetas de la esperanza.

Como miembros de la Iglesia hacemos un llamado en este año de la misericordia al encuentro, al perdón y a la reconciliación. **Ofrecemos nuestros buenos oficios para facilitar canales de diálogo.** Agradecemos a los mediadores internacionales de un dialogo entre el gobierno y la oposición para la paz. Es necesario reconocer los errores. Es necesario corregir las fallas. Es necesario abrirse a la creatividad en la que quepamos todos sin distingos de ninguna clase.

Como tarea urgente, ratificamos públicamente nuestra solicitud de que se permita la entrada de medicamentos que necesitan muchos venezolanos urgidos de una atención sanitaria de altura. La capilaridad de Cáritas de Venezuela y la cooperación de instituciones privadas, y no de entes gubernamentales, nos hace capaces de recibir y distribuir adecuadamente las muchas ofertas que recibimos a diario del exterior. No es la solución definitiva pero sí es un paliativo que no debería esperar más.

Ruego al Padre misericordioso e invoco la protección de María de Coromoto a fin de que estas reflexiones que expresan el sentir no solo de la Conferencia Episcopal sino del y el anhelo de la inmensa mayoría del pueblo venezolano, que espera una solución pronta y definitiva, a la crisis que vivimos, encuentren un camino pacífico y democrático.

+Mons. Diego Rafael Padrón Sánchez
Arzobispo de Cumaná
Presidente CEV

XX. TRES MENSAJES URGENTES DE LA MUD
Caracas, 10 de julio de 2016

Este artículo está dedicado a quienes muy probablemente no podrán leerlo: a las familias enteras que deambulan por la ciudad buscando mangos para engañar el hambre; a los venezolanos que recién descubrieron el dolor de tener que hurgar en la basura en busca de algún trozo de alimento, aun no totalmente podrido. A todos ellos van dedicadas estas líneas, por todos ellos es que las escribimos...

Un gobierno se define porque gobierna. "La cosa" que preside Maduro no lo está haciendo. El régimen se muestra incapaz de garantizar la gobernabilidad económica, ni la estabilidad política ni la convivencia social. Las "cadenas", los discursos y declaraciones oficiales se estrellan contra la realidad de los saqueos por hambre, el desastre de las instituciones y los linchamientos generados por la inseguridad. Maduro y la cúpula corrupta hablan y hablan, y nadie les cree. La situación es típica de los momentos finales de una hegemonía política que colapsa.

Por plan macabro o inercia irresponsable, todo lo que el régimen hace (y todo lo que deja de hacer) aproxima al país al desastre. Evitarlo es responsabilidad de TODOS, de quienes hoy están en la oposición y mañana serán gobierno, y de quienes hoy forman parte del gobierno y mañana pudieran, SI ACTÚAN HOY CON RESPONSABILIDAD, convertirse en un proyecto político viable, que garantice la alternabilidad democrática. Por eso, a los actores fundamentales del drama venezolano, van dirigidos estos tres mensajes urgentes.

"¡ESE EMBUSTE NO ES VERDAD!"

El más importante de estos actores es, a no dudarlo, el pueblo venezolano. El régimen busca desesperadamente una modalidad podrida de "diálogo" que, a través de un pacto de cúpulas, le permita sobrevivir hasta el 2019, consciente como esta de que cualquier consulta popular la perdería y lo echaría del poder. Hay que decirlo: Ese plan es nefasto no porque se le haya ocurrido al gobierno, o porque lo favorezca circunstancialmente. Ese plan es malo porque no es sostenible, porque no sirve, porque en una crisis tan atroz como la que vivimos cualquier grupo que pretenda mantenerse en el poder (o llegar a él) SIN CONTAR CON EL PUEBLO, CON SU APROBACIÓN Y APOYO, sólo podrá —en el mejor de los casos- aspirar a mantener el actual estado de desequilibrio agónico, y muy probablemente colapsará miserablemente, con un altísimo costo social y grave trauma institucional. El plan del gobierno, pues, es falso, es un embuste que se meten ellos mismos. Y, como dicen en Barquisimeto: "¡Ese embuste no es verdad!"

LA HORA DE LA FIRMEZA

Frente a esa situación el primero de estos tres mensajes urgentes es al pueblo venezolano: ¡Ésta es la hora de la firmeza! Firmeza frente a un régimen que ya cayó y pretende no darse cuenta. Firmeza incluso frente a una oposición cuya dirigencia no debe olvidar jamás que la debilidad del gobierno no es oportunidad o excusa para la división, porque la Unidad es necesaria no sólo para derrotar al régimen, sino que es indispensable para mantener la gobernabilidad en el muy exigente proceso de reconstrucción nacional que vendrá después del cambio político. El Referendo Revocatorio no le pertenece a la MUD, ni a ningún dirigente o partido en particular. El Revocatorio no le pertenece ni siquiera a quienes tuvieron el indudable acierto de proponerlo inicialmente, porque una cosa es ser "pionero" y otra muy distinta es ser propietario. El propietario del Revocatorio es el pueblo venezolano, porque lo activó con su firma y lo ejercerá con su voto. En el accidentado camino de aquí al Revocatorio, minado de trampas y retrasos, y en el arduo camino después del Revocatorio, lleno de retos y desafíos hasta lograr que el proceso de reconstrucción nacional genere la superación de los errores del pasado y de los horrores del presente, transitar con éxito requiere del pueblo firmeza, que se traduce en participación y compromiso ciudadano.

A FAVOR DE LO MILITAR, EN CONTRA DEL MILITARISMO...

El segundo mensaje va dirigido a los integrantes del –no tan nuevo- Alto Mando Militar. La Unidad Democrática, como fuerza seria y responsable que se prepara para asumir el poder en lo que el acortamiento constitucional de los lapsos ordinarios permita, hace un seguimiento escrupuloso de lo que ocurre en el campo militar, porque la Fuerza Armada Nacional –en tanto que importante institución republicana- nos duele a todos, y a todos nos importa.

En ese sentido seguimos atentamente el significado de las recientes designaciones. Todas son importantes. Todas, las que se hicieron Y LAS QUE NO TAMBIÉN. En anteriores momentos cruciales de la crisis política venezolana (el 6 de diciembre, el 5 de enero, por ejemplo...) la conducta de la mayoría de los integrantes de la Fuerza Armada Nacional se ajustó a la misión que la Constitución les asigna. El país, que nadie lo dude, se aproxima a nuevos momentos de definiciones. Muchos servidores de la Nación, con uniforme o de paisano, tendrán que decidir si actúan en esos momentos al servicio del pueblo y en el marco de la Constitución, o si lo hacen al servicio de una cúpula corrupta que ha perdido el apoyo popular, y en medio de una indigencia jurídica solo sostenible por el abuso de la fuerza.

Con respeto y con absoluta certeza, le decimos a quienes integran el Alto Mando Militar y a todos los integrantes de la institución armada, que la Unidad Democrática sabe distinguir entre lo militar (que es un profesión digna y respetable, como muchas otras) y el militarismo, que es una excrecencia que daña al país, a la institución armada y a la familia militar. Y que seguiremos, al lado del pueblo y con la Constitución en la mano, luchando por una Venezuela soberana, independiente de verdad, sin hambre, una Venezuela en la que bandas armadas toleradas por un poder político corrupto no sigan quebrantando el monopolio constitucional que sobre la violencia debe tener la FAN, una Venezuela, en fin, en el que la Institución Militar nuevamente sea querida y respetada por todos, y no solo por los seguidores de una facción o partido.

"ZAPATERO A SUS ZAPATOS"

El tercer mensaje va dirigido a la comunidad internacional. Ya el más reciente comunicado de la MUD a propósito del llamado "diálogo" lo dice con claridad: Exigimos que se amplíe la facilitación o mediación con participación de la Santa Sede, que se pacte un nuevo punto de encuentro, que se aparten los obstáculos ilegales que gobierno pone al Revocatorio, que se libere a los presos políticos y que se respete a la soberanía popular expresada en la Asamblea Nacional. Esos son nuestros puntos para acceder a un diálogo que sea útil al país y no al régimen. De lo contrario, probablemente tengamos que repetir un viejo refrán venezolano: "Zapatero a sus zapatos…" ¡Palante!

Mesa de la Unidad Democrática

XXI. EXHORTACIÓN DE LA CONFERENCIA EPISCOPAL VENEZOLANA CENTÉSIMA SEXTA ASAMBLEA PLENARIA ORDINARIA "EL SEÑOR AMA AL QUE BUSCA LA JUSTICIA" (PROV. 15, 9)

Caracas, 12 de julio de 2016

1) Los Arzobispos y Obispos de Venezuela, reunidos en la 106ª Asamblea Ordinaria, queremos compartir con el pueblo venezolano las angustias que sufrimos y comunicarle la esperanza de que reconciliados y en diálogo encontraremos soluciones eficaces a la presente crisis.

CLIMA SOCIAL

2) Los venezolanos estamos atravesando por un momento crucial en los campos moral, económico, político y social. Ha disminuido drásticamente la calidad de vida. La escasez y carestía de alimentos, medicinas e insumos hospitalarios nos están llevando al borde de una crisis de seguridad alimentaria y sanitaria, con consecuencias sociales impredecibles. En la vida pública, crecen la inseguridad, la impunidad y la represión militar.

3) El discurso belicista y agresivo de la dirigencia oficial hace cada día más difícil la vida. La prédica constante de odio, la criminalización y castigo a toda disidencia afectan a la familia y a las relaciones sociales. Frente a esta situación, el acrecentamiento del poder militar es una amenaza a la tranquilidad y a la paz.

4) El auge de la delincuencia y de la impunidad entorpecen el ordinario quehacer de la gente y provocan, en ciudades o poblaciones grandes o pequeñas, verdaderos toques de queda. Hace pocos días, en Mérida, fueron agredidos transeúntes, entre ellos un grupo de seminaristas menores de edad. Fueron golpeados y desnudados, violando sus derechos a la dignidad y al respeto, sin que ninguna autoridad pública interviniera para protegerlos. Los recientes desórdenes en Cumaná y Tucupita, así como los intentos de saqueos y cierres de vías por protestas populares, en diferentes regiones del país, constituyen una expresión del creciente malestar social.

UNA DEMOCRACIA RESQUEBRAJADA

5) El Estado de Derecho consagrado en el numeral dos de la Constitución Nacional, se ha debilitado. Vivimos prácticamente al arbitrio de las autoridades y de los funcionarios públicos, quienes tienden a convertirse en los censores de la vida, del pensamiento y de la actuación de los ciudadanos. Tales actitudes y procedimientos son inaceptables. La identidad cultural del venezolano se reduce

y hasta se pierde cuando se valora únicamente si está vinculada al proyecto político imperante.

6) La democracia en Venezuela está resquebrajada, y el Gobierno y los otros poderes, que tienen la responsabilidad de oír y concertar con todos los sectores, no están haciendo lo suficiente para reconstruirla. El diálogo sincero y constructivo, el ejercicio de la política en su concepción más noble, como búsqueda del bien común, por más difíciles que parezcan, han de seguir siendo los caminos que debemos transitar. No se puede dialogar si no se reconoce en primer lugar la existencia y la igualdad del otro. Ignorarlo o descalificarlo como interlocutor, cierra toda posibilidad de superar el conflicto.

7) La crisis moral es mayor que la crisis económica y política, porque afecta a toda la población en sus normas de comportamiento. La verdad cede su puesto a la mentira, la transparencia a la corrupción, el diálogo a la intolerancia y la convivencia a la anarquía. La corrupción se ha incrementado en los organismos del Estado y la descomposición moral ha invadido a muchas personas integrantes de instituciones privadas y públicas, civiles y militares, así como a amplios componentes de la sociedad. Un exponente de esta degradación moral es la reventa especulativa de productos, llamada popularmente "bachaqueo".

8) Desconocer la autoridad legítima de la Asamblea Nacional, deslegitima a quienes así actúan, porque contradice la voluntad soberana expresada en el voto popular.

La división, autonomía y colaboración entre los Poderes es un principio democrático irrenunciable.

9) Es tal la indefensión de los ciudadanos ante la delincuencia que se están multiplicando los casos de pobladas enardecidas que toman la justicia por sus propias manos y proceden a inmorales y deplorables ejecuciones colectivas ("linchamientos"). La violencia, en ninguna de sus formas, es solución a los problemas. Como nos dijo San Juan Pablo II: "La justicia social no puede ser conseguida por violencia. La violencia mata lo que intenta crear".

10) La raíz de los problemas está en la implantación de un proyecto político totalitario, empobrecedor, rentista y centralizador que el Gobierno se empeña en mantener.

PROPUESTAS URGENTES

11) El Consejo Nacional Electoral tiene la obligación de cuidar el proceso del referéndum revocatorio para que se realice este año. Es un camino democrático, un derecho político contemplado en la Constitución. Impedirlo o retrasarlo con múltiples trabas es una medida absurda, pues pone en peligro la estabilidad política y social del país, con fatales consecuencias para personas, instituciones y bienes.

12) Es de urgente prioridad que el Ejecutivo permita la entrada de medicamentos al país, dada su gran escasez. Para su recepción y distribución, la Iglesia ofrece los servicios e infraestructura de Cáritas, y de otras instancias eclesiales abiertas a la cooperación de otras confesiones

religiosas e instituciones privadas. Este servicio no es la solución definitiva, pero sí es una ayuda significativa. La caridad nos impulsa a comportarnos como samaritanos compasivos, dispuestos a curar a los heridos del camino (Cf. Lc. 10, 25-37).

13) Es una necesidad que se abra de manera permanente la frontera colombo-venezolana. El haber permitido su apertura el pasado domingo 10 de Julio hizo posible que numerosos hermanos pudieran proveerse de alimentos, medicinas y otros insumos. El paso de miles de ciudadanos al vecino país es prueba evidente de la crisis.

14) Aumenta el número de ciudadanos venezolanos recluidos en las cárceles y en distintos lugares de jurisdicción policial, injustamente privados de libertad, muchos de ellos por razones políticas. La gran mayoría se encuentra en condiciones inhumanas y carece del debido proceso. Estas personas, siendo inocentes, deben salir en libertad plena o al menos, deben ser juzgadas en libertad, tal como lo establece el Código Orgánico Procesal Penal.

"LA ESPERANZA NO DEFRAUDA" (Rm. 5,8)

15) Las angustias y esperanzas del pueblo venezolano son compartidas en estos momentos por numerosas instancias nacionales e internacionales. El gobierno no debe declararlas ajenas a nuestros derechos ni culpar a quienes acuden a ellas legítimamente, denunciando injerencias y aduciendo soberanía e independencia, ya que vivimos en un mundo interconectado y globalizado. Ni los derechos

humanos, ni la justicia tienen fronteras. No nos dejemos robar la esperanza que hace posible, con la ayuda de Dios, lo que parece imposible (Cf. Lc. 1, 37).

16) En el nombre de Jesús que nos manda "amarnos unos a otros" (Jn. 13, 34), hacemos un llamado a las autoridades para que frenen el deterioro de la vida de los venezolanos, cualquiera sea su preferencia política, y para que se detenga la actual espiral de violencia, odio y muerte. Movidos exclusivamente por el bien y la paz de todos los venezolanos, reiteramos el ofrecimiento de nuestros buenos oficios para facilitar el encuentro entre los contrarios y el entendimiento en la búsqueda de soluciones efectivas.

17) En la fe tenemos la firme convicción de que Jesucristo, el Señor de la historia, nos acompaña. Como hijos de un mismo Padre y hermanos los unos de los otros, nos comprometemos en la construcción de la unión y de la paz. Invitamos con alegría a todos los creyentes y a las mujeres y hombres de buena voluntad, a unirnos el próximo dos de agosto, a la Jornada de ayuno y oración, convocada por el Papa Francisco en Asís, como una ocasión especial de pedir por la paz y la reconciliación entre los venezolanos. Invitamos a recitar la Oración por Venezuela, y a los párrocos a leer ésta exhortación en la misa dominical. Rogamos a Dios Padre derrame de manera más abundante en este año jubilar su misericordia y su consuelo sobre nuestro pueblo. Colocamos en las manos maternales de Nuestra Señora de Coromoto estas propuestas

que expresan el sentir y el anhelo de la inmensa mayoría de los venezolanos,

Con nuestra bendición,

LOS ARZOBISPOS Y OBISPOS DE VENEZUELA

Verba volant, scripta manent

www.ingramcontent.com/pod-product-compliance
Lightning Source LLC
Chambersburg PA
CBHW020707270326
41928CB00005B/302